人之需（代总序）

一直想给中学生朋友编一套中华传统文化方面的读本。

作为中学语文教师，我们有自己的理由——

中华古代文化浩如烟海，书市上古代文化方面的图书也不计其数，但专门面向现代中学生的普通读本却很难找到，更不要说那种切合中学生阅读心理，精心选材、精心作注、精心释义的系列丛书了。

而从一名中学语文教师的角度看，当今中国语文教育，最缺失的一块又恰恰是对中华传统文化的敬重、理解与传承。

众所周知，新中国成立60多年来的语文教育被当作两个大的工具在使用：一是作为政治工具，大致对应1949—1980年的30年间；二是作为应试工具，1980年以后的30余年皆如是。前者是自上而下的自觉行为，后者是"变态"行为——教育本来是指向学生的全面发展的，但因为"高考列车"越跑越快所产生的巨大无比的力量，语文也已完全沦落为应试的工具。

在这样的教育中，没有文化，或者说对文化的漠视，已成为语文教育的一个并不为多数人清醒地意识到的"传统"；丢弃传统文化，甚至鄙薄传统文化，也已成为语文教育的一个并不为多数人清醒地意识到的"传统"。

在这样的教育中，现代语文教育的本质意义——作为培育"民族文化之根"的意义，作为培育"效忠于"、"皈依于"中华民族的现代公民的意义，已基本丧失。

而中华民族现代前行的艰难身影又告诉我们：我们的教育，我们的语文教育，必须敬重、理解、传承中华传统文化。

中华传统文化作为中华文明的载体，其两大支柱是儒与道。而作为现世人生精神支柱的文化，又主要是儒家文化。儒家文化又以孔子为核心，孔子文化的核心是"仁"——"仁者""爱人"。何为"爱人"？孔子"一以贯之"的是"忠恕"二字——"己所不欲，勿施于人"，"己欲立而立人，己欲达而达人"。用现在的话说就是：自己不想要的不强加给别人，自己想要的也要让别人拥有。这样，人与人就会友爱，社会就会和谐，人类就会幸福。而支撑这一社会理想的核心思想是：人与人的平等性。

从近一个半世纪的中国近代历史进程看，由于受列强的侵略，我们民族怀疑甚至痛恨过我们的传统文化，认为那是我们落后挨打之源。所以，我们曾经把传统文化作为落水狗一般痛打。但从我们逐步摆脱"挨打"、"挨饿"之后"挨骂"的现实看，我们现在最缺失的就是传统文化中的"忠恕"二字。不"忠"就不"诚"，不"诚"就无"信"；不"恕"就不"容"，不"容"就无"爱"。当今社会的许多问题之源，正在于无"信"无"爱"。

要化解民族前行过程中出现的种种问题与矛盾，当然要从政治、经济、科学、军事、艺术、伦理、道德等各个方面去思考，但在教育过程中，在生活的各个方面，敬重、理解、传承我们传统文化的精髓，应当成为我们思考的重要内容。当我们通过教育，通过生活方方面面形成的教化体系，能将我们传统文化的精髓与现代民族意识融为一体，内化为崭新的民族精神，并使其上升为民族得以昂然立身的中华现代文明，那我们民族就真正完成了由古代到现代的转型，我们的国家就成为一个崭新的现代民族国家，我们的人民就会成为"具有中国心的现代文明人"（当代著名教育家于漪老师语）。

有了这样的愿望，就总希望能为实现这样的愿望尽微薄之力。所以我们带着对中华传统文化的敬意，乐意尽自己最大的力量为中学生朋友推介中华传统文化。

同时，作为语文教师，我们还感到，要真正理解语言，掌握语言，就必须理解文化，特别要理解传统文化。

语言学研究表明：语言的理解与运用，归根结底是与某个社会群体的认知方式、道德规范、文化传承、价值标准、风俗习惯、审美情趣等特定的文化因素相关联的；语言运用的得体，既要遵循语法规则，更要遵循文化规则。由于汉语的组织特点是"文便是道"，"以意役法"，即意义控制形式，"意在笔（言）先"，所以文化规则在汉语的组织运用中更有着突出的意义。又由于汉语是由汉字联属而成，而汉字是世界上最古老的文字之一，更是世界几千年间唯一没有中断其历史的文字；每个走过几千年的汉字都有深厚的文化沉淀，可谓一个汉字就是一个广博精深的文化单元，就是一个意趣醇厚的审美单元(鲁迅先生曾在《汉文学史纲要·自文字至文章》中指出,汉字有"三美":"意美以感心","音美以感耳","形美以感目"),故此,要让孩子们准确地把握经典文本表达的意义,恰当地表述自己的观点,得体而有效地与人交际,就要引导他们了解、掌握语言背后蕴含的丰富的文化信息。

现在只有无知者才不会承认,中华文明体是一个坚实、深刻、厚重、博大的文化体系。这个文化体系已将自己的精神文化贯彻到了人们可见、可知甚至可感的世界的每一个角落,渗透在人们气血经脉、意识与潜意识之中,正所谓"致广大而尽精微"(《中庸》)。在这个"致广大而尽精微"的文化体系中,天、地、人的分工、边界及其协调与平衡,都有着清晰、真切、表情生动的表达;在这个体系中,中华民族已建立起了自己独一无二的生活方式——在天与地之间,堂堂正正地做人,做一个大写的人。由此,中华民族也就有着有别于一切民族的独特的文化——天地之间的人文化,而不是天界中的神文化,不是地界中的鬼文化。尽管我们的文化中不可避免地要涉及神鬼,但总体而言是"敬鬼神而远之"。由此,我们也就会真正明白,为什么诸子百家中的任何一家最终都将自己的精神内核指向了人,为什么我们几千年的文化主体选择了"儒"——人之需!如果不了解、不理解这样的文化,就不能真正读懂我们的文化原典,就不能真正听懂古今经典之作的汉语述说,就很难得体地用好已走过了几千年的民族语言。

基于上述两大理由,我们编著了这套《中华根文化·中学生读本》。

"根文化"就是"文化之根"。它表明这套读本关注的是中华文化最根本的部分。这又有两层意思：一是读本的内容选择上，关注代表根文化的内容；二是在注解、翻译、释义上，关注所选内容最本原的意义，基本不做现代阐释。

作为"中学生读本"，我们尽可能适合中学生的文化心理。每个选本均按主题组织若干单元，并写单元导语；用浅近的白话注解、翻译、释义，力求简洁明了。

《中华根文化·中学生读本》第一辑15种，主要选取先秦时期的文本，包括《兴于诗——〈诗经〉选读》、《立于礼——"三礼"（〈周礼〉〈仪礼〉〈礼记〉）选读》、《成于乐——〈乐记〉〈声无哀乐论〉选读》、《仁者之言——〈论语〉选读》、《义者之言——〈孟子〉选读》、《君子之言——〈荀子〉选读》、《智者之言——〈老子〉选读》、《达者之言——〈庄子〉选读》、《爱者之言——〈墨子〉选读》、《法者之言——〈韩非子〉选读》、《忠者之言——〈楚辞〉选读》、《谋者之言——〈孙子〉选读》、《"春秋"大义——〈春秋〉三传选读》、《"诸侯"美政——〈国语〉选读》、《"战国"争雄——〈战国策〉选读》。

由于我们的浅陋，尽管做出了很大努力，但牵强、错误之处一定不少，期待方家指正。

黄荣华

2012年2月10日

前 言

　　春秋,既指一个时期,也指中国最早的编年体史书。这个时期是指东周初期始自鲁隐公元年（公元前722年）至鲁哀公十四年（公元前481年）之间242年的历史,其间鲁国经历了12任国君。《春秋》就以这12个君主的在位年份作为纪年的标准,所以是一部编年体史书。

　　"春秋"的修撰者,一向说是孔子。传说鲁哀公十四年,鲁国有个猎户捉到一只独角怪兽,因为不知道是什么,就把它杀了。孔子听说后,跑去一看,认出怪兽是麟。他叹息不止,说麟应当是在清明盛世出现的,现在出现是不祥的。他流泪感慨道义不行于天下,便取鲁国史官所修的《春秋》进行加工编撰,想要人们从中得到扬善弃恶的教训。所以《春秋》又被称作"麟经"。

　　之前,"春秋"是中国古代纪事史书的通称,各国都有自己的《春秋》。孔子是鲁人,他修《春秋》依据的是《鲁春秋》。但当时诸侯国之间有互相通告大事的规矩,所以《鲁春秋》不仅记有鲁国的史事，也记有别国的大事。

通过对本国和他国历史大事的记录，孔子要传达的其实是价值观，即春秋大义。《孟子》记载了孔子自己对《春秋》所说的话，《滕文公下》里说："世衰道微，邪说暴行有作，臣弑其君者有之，子弑其父者有之。孔子惧，作《春秋》。《春秋》，天子之事也。是故孔子曰：'知我者其惟《春秋》乎，罪我者其惟《春秋》乎'……孔子成《春秋》而乱臣贼子惧。"所以《春秋》虽是一部编年史，但更是承载着"义"和"王者"之道的史书。《孟子·离娄下》记载说："王者之迹熄而《诗》亡，《诗》亡然后《春秋》作……其事则齐桓、晋文，其文则史。孔子曰'其义则丘窃取之矣'。""义"具体是什么呢？那就是惩恶扬善、尊王攘夷。后者已经渐渐失去了现实意义，前者却亘古未变，始终有效。

《春秋》文字很简省。对于秦晋殽之战、城濮之战、邲之战等复杂的事件，《春秋》通常只记一句话；对于晋公子重耳的逃难，《春秋》则一概不录；对于臣子的精彩言论，如《烛之武退秦师》，《春秋》更是全无记载。因此，《春秋》很难读懂。于是就出现了解经的书，称为"经传"（传，是解释的意思）。现今存世的解《春秋》的传，就是"春秋三传"：《左传》、《公羊传》、《穀梁传》。三者的侧重不同，前者以叙事为主，后二者以解经释义为主。

《左传》全名《春秋左氏传》，是三传中最出名的一部，作者相传为左丘明。根据《左传》的叙事，《左传》一书成于孔子卒后，但《论语》中的左丘明显然年长于孔子，所以不少学者都怀疑《左传》不出于左丘明之手。至于究竟出自谁手，或者哪些人之手，众家则各说纷纭。

　　《左传》的编集大致依据《春秋》，重点在叙述史事，同时也征引孔子的话和当时"君子"的评论。虽然《左传》常有无经之传或经传相异的记载，但大多数人还是认为《左传》是对《春秋》的解释。《左传》也正是借此跻身"经史子集"四部中"经"的地位。

　　《公羊传》和《穀梁传》都传自孔子的学生子夏，两书的书名都和《左传》一样来自始作者的姓。根据《春秋公羊传注疏》徐彦引戴宏序说，《公羊传》是子夏传给公羊高的。而《穀梁传》是子夏传给穀梁赤。两传都以口头传授，因此两传中对话体、甚至追问的问答形式占绝大多数，好像学生与老师之间的谈话。但两传在风格上的区别与优劣，东晋范宁《穀梁传序》说："《穀梁》清而婉，其失也短；《公羊》辩而裁，其失也俗。"

　　本书的选编虽然兼顾了《春秋》及三传，但更倾向于《左传》，这主要是因为《左传》在史和义两方面的兼美，更重要的是，《左传》的艺术价值。

　　首先是《左传》的叙事。《左传》对于任何一个大的战役，都能把来历和结果叙述得清清楚楚，作者把参加这一个战役的主要成员的主张和看法，都直接表达出来。他不一定描绘面对面的战斗，有时只是把和这个战役有关的几件小事叙述了，给它以适当的烘托。这样的写法在殽之战、城濮之战、邲之战的叙述中都可以见到。《史记》或后世的历史、小说，对正面的战争写得不多，也正是这个写法的继承。

　　其次，《左传》善于塑造人物形象。有时，作者来一个集中的细节表现，人物的形象就生动立体了起来。比如秦晋殽之战中的先轸面对太后和刚刚上位的晋襄公"不顾而唾"，这个细节相当具有表现力，简单的四个字传达了先轸的愤怒。

《左传》语言的精到、简练，细节的优美、传神。如葵丘之盟中对齐桓公动作的描述："下，拜，登，受"，简洁而有力。这些都足以使《左传》既可作为经，又可作为史，更可作为文学作品来赏读。

本书的体例，为了简明扼要，选择春秋五霸的故事，一方面希望读者对春秋五霸有更深入的了解，一方面也可以从五霸的更迭中看到春秋时代的整个轮廓。但关于"春秋五霸"的组成，历来有争议。《荀子·王霸》篇认为："齐桓、晋文、楚庄、吴阖庐、越勾践，是皆僻陋之国也，威动天下，强殆中国，无它故焉，略信也。是所谓信立而霸也。"《史记》则是"齐桓、晋文、秦穆、宋襄、楚庄"。此外还有好几种说法。春秋时能称为霸的诸侯国，其主要标志是"会盟"其他诸侯国，而完成这一重要仪式的有齐桓公小白、晋文公重耳、楚庄王旅、吴王夫差、越王勾践这五位诸侯，所以真正的春秋五霸应该是他们，部分高中教科书也采用这一说法。又因宋襄公在史书中的文字记载不多，所以本书姑且根据上述标准，没有收录宋襄公。而收录秦穆公的原因，一方面是诸多"五霸"版本中都有此公，另一方面，是春秋战国之后统一中原的正是秦国，读者也许会对这样一位为子孙后代开拓疆域、打下政治基础的诸侯有兴趣。

本书选文的底本为杨伯峻编著的《春秋左传注》，注释和译文则杂取各家。此书完成得相当仓促，书中定有较多疏漏不到之处，敬请各方家指正。

最后，我要感谢黄荣华老师给我这个机会，让我参与"中华根文化"中学生读本丛书的编撰。这是我第一次编著一本书，对我是学习的过程，也是很好的经验。我还要感谢陈引驰老师在本书的体例和参考文献上提供的诸多建设性的意见，让我受益良多。

contents 目录

君臣同心

齐桓公尊王攘夷

　　春秋初期，中原出现了第一位霸主——齐桓公。此时，正是"南夷与北狄交，中国不绝如线"的时代，因此，华夏诸国有联合一致、共抗外侮的需要，齐桓公的出现正是满足了这种时代的需要，团结诸夏，抵抗戎狄蛮夷。

　　对于齐桓公以及辅佐桓公的管仲，孔子都很赞赏，他说："管仲相桓公，霸诸侯，一匡天下，民到于今受其赐。微管仲，吾其被发左衽矣。"齐桓公的霸业固然成就了君臣二人，但在孔子看来，更重要的是，他们保护了中原经济和文化的发展，为中华文明的存续做出了巨大贡献。

公孙无知之乱

鲁庄公八年（公元前686年）

【《左传》原文】

齐侯①使连称、管至父戍葵丘②，瓜时而往，曰："及瓜而代③。"期戍④，公问不至⑤。请代，弗许。故谋作乱。僖公之母弟⑥曰夷仲年，生公孙无知，有宠于僖公，衣服礼秩如適⑦。襄公绌之⑧。二人因之以作乱⑨。连称有从妹⑩在公宫，无宠，使间公⑪。曰："捷，吾以汝为夫人⑫。"

注解

①齐：姜姓国，周武王将姜太公望封在营丘，在今山东临淄一带，后渐渐发展为国力强盛的齐国。齐侯：齐襄公，齐僖公的儿子，齐国的

第十四个君主。　②连称、管至父：都是齐国的大夫。葵丘：今山东临淄县东。　③及瓜而代：出发到葵丘戍边正是瓜熟之时，齐襄公与他们约定，到第二年瓜熟时换防，再找人替代他们，让他们回来。④期（jī）：一周年。　⑤公问：齐襄公通知换防的信息。　⑥母弟：同一个母亲所生的弟弟。公孙无知是齐僖公的侄儿，齐襄公的堂兄弟。　⑦適：同"嫡"，这里指正妻所生的儿子。　⑧绌：通"黜"，削减待遇。　⑨二人：连称、管至父。之：公孙无知。⑩从妹：同宗之妹。⑪间：刺探。　⑫吾：公孙无知。女：通"汝"。

【今译】

　　齐襄公派遣大夫连称、管至父领兵防守葵丘。出发恰逢瓜熟之时，齐襄公答应两人："到明年瓜熟之时，就派人去替换你们。"一年的防守期限已满，襄公替换的命令还未下达。连称和管至父请求齐襄公派人来接防，襄公没有答应，所以连称和管至父暗中策划作乱（指杀襄公）。齐僖公的同母弟弟名叫夷仲年，生了公孙无知，公孙无知深受齐僖公的宠爱，他的衣服待遇同嫡子一样。襄公即位以后，削减无知的待遇，连称、管至父二人借口反对襄公贬退无知而作乱。连称有个从妹，在襄公的宫中，不得宠，连称让她窥探襄公的行动，并传达无知的话："如果谋杀国君能够成功，我封你做夫人。"

【《左传》原文】

冬，十二月，齐侯游于姑棼①，遂田于贝丘②。见大豕。从者曰："公子彭生也③。"公怒，曰："彭生敢见！"射之。豕人立而啼。公惧，队于车。伤足，丧屦④。反，诛屦于徒人费⑤。弗得，鞭之，见血。走出，遇贼于门。劫而束之。费曰："我奚御哉！⑥"袒而示之背。信之⑦。费请先入。伏公而出，斗，死于门中。石之纷如⑧死于阶下。遂入，杀孟阳于床，曰："非君也，不类⑨。"见公之足于户下，遂弑之，而立无知。

初，襄公立，无常⑩。鲍叔牙曰："君使民慢，乱将作矣。"奉公子小白出奔莒⑪。乱作，管夷吾、召忽奉公子纠来奔⑫。

注解

①姑棼（fén）：又名薄姑，地名，在今山东省博兴县东。　②贝丘：地名，在今山东省博兴县南。　③公子彭生：齐国的姜姓公族。　④屦（jù）：鞋子。　⑤诛：责问。徒人：内侍。费：徒人的名字。　⑥御：抵抗。　⑦徒人费出门便碰上谋杀齐襄公的人，他以被鞭的伤痕骗得信任。　⑧石之纷如：齐襄公的小臣，与刺杀襄公的贼格斗而死。　⑨孟阳：齐襄公的小臣，伪装成襄公，被贼所杀。不类：不像。　⑩无常：政令没有准则和信用。　⑪公子小白：齐襄公的庶弟，后继位为齐桓公。莒：嬴姓国，今山东莒县。　⑫管夷吾：管仲或管敬仲。来奔：避难投奔到鲁国来。

【今译】

鲁庄公八年冬季十二月，齐襄公到姑棼游乐，在贝丘射猎。襄公发现一只大野猪，随从的人说，"那是公子彭生。"襄公大怒说："彭生怎敢在我面前出现！"就用箭射它，那只野猪像人一样站起来嚎叫。襄公很害怕，从车上跌下来，伤了脚，丢了鞋。齐襄公出游归来，向名叫费的侍臣追问鞋的下落。费没有找到鞋，被襄公用鞭子打得遍体流血。费被打后跑出宫门，在门外正遇上要刺杀襄公的人，他们将费捉起来捆住。费说："我哪里是抵御你们！"他脱下衣服，将背上的伤痕给那些人看，行刺者相信了他。费向行刺者请求先入宫，进入宫中他先将襄公隐藏起来，然后出来同行刺者拼杀，结果死在宫里。襄公的小臣石之纷如死在阶下。于是，刺杀者都进入宫中，将伪装襄公的孟阳杀死在襄公的床上，他们说："杀死的不是国君呀，不像他！"他们看见襄公的脚露在门的下面，就杀了他，并立公孙无知为国君。

当初，齐襄公即位时，他的政令没有准则和信用。齐国大夫鲍叔牙说："君主使百姓怠慢，那就要发生变乱了！"于是，保护公子小白逃到莒国去。齐国发生了内乱，管仲、召忽护卫着公子纠逃到鲁国来。

【释义】

这段故事非常有名，又称"及瓜不代"，即齐襄公承诺连称、管至父第二年瓜熟的时候找人替代他们戍边，但第二年瓜熟蒂落之时，襄公没有遵守承诺，于是连称、管至父联同襄公的堂兄弟公孙无知一起造反。

《论语·八佾》篇中鲁定公问孔子："君主应该如何支使臣子，臣子又该如何事奉君主？"孔子的回答是"君主用礼来任用臣子，臣子用忠诚来事奉君王"。礼，在古代社会不仅仅是常规性的礼貌，而是基于内心认同的外在规范，对人起到约束的作用，以使人更好的履行社会职能。所以西方人起初把礼翻译为"routine"（常规），辜鸿铭闻之大怒，拍案而起说："礼怎么是'routine'，明明是'art'（艺术）！"可见，礼是内心认同和外在规范的有机统一。而"忠"，古人有"中心为忠"的解释（宗福邦等主编《故训汇纂》），所以"忠"简单说就是尽心尽意、真心真意的意思（李零《丧家狗》）。孔子还说："为人谋而不忠乎？"可见，"忠"不只针对君臣关系，在其他社会关系，人们也该待人真诚、厚道。孔子的学生曾子总结过："夫子之道，忠恕而已矣。"

从忠的角度来看，连称、管至父和公孙无知是不合格的。这两人委屈就要造反弑君，这样的下属无论何时都很可怕。而公孙无知，也因受到先君的宠爱而存非分的念头，忘了自己的身份。《春秋》经里记载：鲁庄公"九年春，齐人杀无知"。《春秋》经用"杀"而不用"弑"，显然不承认公孙无知的国君身份，这就是"春秋笔法"，在个别字词里委婉迂回地传达作者的态度，故又称"一字褒贬"。

从礼的角度来看，齐僖公和齐襄公都属任意妄为，没有遵守礼。

齐僖公纵然再喜欢公孙无知，也不该给之以太子的待遇，以致造成襄公的反感和公孙无知的想入非非。襄公则更是放纵。他做太子时和妹妹文姜私通。后来文姜嫁给鲁桓公。鲁桓公有次带着妻子去齐国，齐襄公又与文姜私通，被鲁桓公发现。齐襄公就派公子彭生杀死鲁桓公。事后把罪名推在公子彭生身上，再次杀人灭口，这也是齐襄公听到公子彭生的名字吓得魂不守舍的原因。但纸包不住火，《诗经·齐风·敝笱》公开地讽刺这些的行为，可见，齐国人对于襄公的乱伦放荡早已心存不满。因此，从表面上看，襄公之死是由于他不信守"及瓜而代"的诺言，但实际上这只是齐国昏暗政治的导火索而已。正是感觉到了这一紧张的政治空气，齐大夫鲍叔牙方才预言"大乱要来了"，便预先保护后来称霸的公子小白逃出国都。

桓公与公子纠争国

鲁庄公九年（公元前685年）

【《左传》原文】

九年，春，雍廪杀无知。公及齐大夫盟于蔇，齐无君也。

夏，公伐齐①，纳子纠。桓公自莒②先入。

秋，师及齐师战于乾时③，我师败绩。公丧戎路，传乘而归④。秦子、梁子以公旗辟于下道，是以皆止⑤。

鲍叔帅师来言曰："子纠，亲也，请君讨之⑥。管、召，雠也，请受而甘心焉⑦。"乃杀子纠于生窦。召忽死之⑧。管仲请囚，鲍叔受之，及堂阜而税之⑨。归而以告曰："管夷吾治于高傒⑩，使相可也。"公从之⑪。

注　解

①公：鲁庄公。　②莒：中国周代诸侯国名，在今山东省莒县。③乾时：地名，在时水支流域，时水经山东桓台西北注入古济水，旱则干涸。　④戎路：国君使用的兵车。传：驿。传乘：乘驿传的车。　⑤辟：通"避"。止：俘虏。二人用鲁庄公的旗号引诱齐军，使鲁庄公得以逃脱。　⑥请君讨之：子纠是齐桓公的庶兄，所以齐桓公自己不便惩治，希望鲁人代为处死。　⑦受而甘心：管仲、召忽是我的仇人，请把他们交给我才能甘心。　⑧召忽为公子纠自杀。⑨堂阜：齐、鲁交界处。税：通"脱"，释放。　⑩高傒：齐执政大臣。治于高傒：政治才能高于高傒。　⑪公：齐桓公。

【今译】

鲁庄公九年春天，雍廪杀了公孙无知。鲁庄公和齐国大夫在蔇地结盟，是因为齐国没有国君。

夏天，鲁庄公率兵征讨齐国，护送公子纠回齐国为君。齐桓公小白从莒国先回到了齐国即位。

这一年秋天，鲁军与齐军在齐国乾时打仗，鲁军大败。鲁庄公抛弃了自己乘的兵车，转乘别的战车逃回鲁国。鲁庄公的车御秦子、车右梁子为了掩护庄公逃走，打着庄公的旗号故意从别的道路逃跑，因此秦子、梁子全被齐军俘虏。

鲍叔牙乘胜率领齐军前来："公子纠是齐君的庶兄，请鲁君杀掉他；管仲和召忽是齐君的仇人，请把他们交给我才能安心。"于是，鲁庄公就在生窦将公子纠杀死。召忽自杀。管仲请求受绑，鲍叔牙就押了管仲回齐国，到了齐地堂阜才释放。鲍叔牙回到齐都，把这件事告诉了齐桓公，并说："管仲的政治才能胜过齐国上卿高傒，可以用他为相。"齐桓公接纳了鲍叔的建议。

【释义】

在这个故事中，最有趣的是召忽、管仲和鲍叔牙三人对于主公的态度。召忽和管仲都侍奉公子纠，在公子纠政治斗争失败被处死之后，召忽坚守气节，不为政敌服务，选择自杀。与之形成鲜明对比的是，管仲选择"将以有为也"，想要活下去并有所作为。果然，机会垂青有准备的人，鲍叔牙认为管仲是个治国奇才，并将他推荐给已即位的公子小白，公子小白不计前嫌，管仲也不管一身事二主，两相合作，最后既成就齐桓公的霸主大业，也成就了管仲的历史英名。

对管仲的选择，历来有争议。《论语》中孔子的学生子路和子贡都问过孔子这个问题：

子路曰："桓公杀公子纠，召忽死之，管仲不死。"曰："未仁乎？"子曰："桓公九合诸侯，不以兵车，管仲之力也。如其仁！如其仁！"（《论语·宪问》）

子路说："齐桓公杀了他的哥哥公子纠，召忽为公子纠的死自杀，管仲却不为公子纠的死自杀。"子路问孔子："管仲还没有成为有仁德的人吧？"孔子说："齐桓公九次主持召开诸侯之间的会盟，不用战争的手段解决各种纠纷，都是管仲的功劳。这就是管仲的仁德！这就是管仲的仁德！"

孔子给子路的回答着重于管仲对齐桓公霸业的贡献。因为孔子对齐桓公的评价很高（详见《召陵之盟》的释义），顺带也很欣赏辅佐桓公的管仲。而孔子给子贡的回答更倾向于桓公功业的效果——尊王攘夷——而这效果正是管仲带来的：

子贡曰："管仲非仁者与？桓公杀公子纠，不能死，又相之。"子曰："管仲相桓公，霸诸侯，一匡天下，民到于今受其赐。微管仲，吾其被发左衽矣。岂若匹夫匹妇之为谅也，自经于沟渎而莫之知也。"（《论语·宪问》）

子贡问："管仲不能算是仁人了吧？桓公杀了公子纠，他不能为公子纠殉死，反而做了齐桓公的国相。"孔子说："管仲辅佐桓公，称霸诸侯，匡正了天下，老百姓到了今天还享受到他的好处。如果没有管仲，恐怕我们也要披散着头发，衣襟向左开，沦为夷狄。管仲哪能像普通百姓那样恪守小节，自杀在偏僻之处，而谁也不知道呀。"

匡扶齐桓公，九合诸侯，这是大节；坚守狭隘的政治节操，这是小节。如果一个人做了伟大的事情，那么对他的无伤大雅的小节就不要过于苛刻。这正合了《论语》中说的另一句话"大德不逾闲，小德出入可也"（《子张》）。《孟子·告子下》也说过"孟子曰：'君子不谅，恶乎执。'"谅，是周南、召南和卫地表示守信的方言字，这里指小信。而孔子和孟子都认为，义之所在，是大信，大信必须守，小信可以变通，不知变通，一味固守，属于谅。

但孔子对管仲并非全然赞美，他也曾经说过："管仲之器小哉！"原因是管仲不节俭，不遵守人臣之礼，在礼数上有僭越之处，他甚至说："管氏而知礼，孰不知礼？"可见孔子对人的评价是比较中肯、公正、客观的。白璧微瑕，既不因微瑕无视白璧，也不因白璧无视微瑕。管仲也正是一个在个人生活上有不足之处，但在历史上做出大贡献的人。

柯 之 盟

鲁庄公十三年（公元前681年）

【《春秋》原文】

冬，公会齐侯，盟于柯①。

【《公羊传》原文】

何以不日？易也②。其易奈何？桓之盟不日，其会不致，信之也。其不日何以始乎此？庄公将会乎桓，曹子③进曰："君之意何如？"庄公曰："寡人之生则不若死矣。"曹子曰："然则君请当其君④，臣请当其臣。"庄公曰："诺。"于是会乎桓。庄公升坛，曹子手剑而从之。管子进曰："君何求乎？"曹子曰："城坏压竟⑤，君不图与⑥？"管子曰："然则君将何求？"曹子曰："愿请汶阳之田。"管子顾曰："君许诺。"桓公曰："诺。"曹子请盟，桓公下与之盟。已盟，曹子摽剑而去之。要盟可犯，而桓公不欺。曹子可仇，而桓公不怨，桓公之信著乎天下，自柯之盟始焉。

①柯：通阿，齐国地名，靠近今山东阳谷。　②易：和悦。　③曹子：《穀梁传》作曹刿，《史记》（《齐太公世家》《鲁周公世家》《刺客列传》《十二诸侯年表》）作曹沫。　④当：抵挡。　⑤竟：通"境"。城坏压竟：鲁国的城池崩坏，压到鲁国的边境。齐鲁接壤，齐国每攻破一个鲁城，齐国的边境就深入鲁国内部一点。　⑥图：考虑

【《春秋》今译】

冬，庄公会见齐桓公，在柯邑结盟。

【《公羊传》今译】

为什么不记日？是因为相安无事，没有后患。齐桓公的盟约不记日，会合不记从哪儿到达，都是因为他的信誉。不记日为什么从这次开始？庄公将要和齐桓公会见，曹子上前说："国君的心情怎么样？"庄公说："我活着，还不如死了呢。"曹子说："这样的话那么请国君对付他们的国君，我对付他们的臣子。"庄公说："好。"于是与齐桓公会见。庄公登上盟坛，曹子手持利剑跟随着。管仲上前说："鲁君有什么要求？"曹子说："鲁国的城墙崩塌了，压到鲁国的边境内，国君不考虑吗？"管仲说："那么鲁君有什么要求？"曹子说："希望收回汶水以北的土地。"管仲回头对齐桓公说："国君答应吧。"齐桓公说："好。"曹子请求结盟，齐桓公下

坛与他结了盟。盟毕，曹子扔了剑就离开了。要挟之下结的盟是可以违背的，而齐桓公不欺骗人；对曹子是可以记仇的，而齐桓公不怨恨他。齐桓公的信用昭著于天下，是从柯邑的会盟开始的。

【释义】

曹子是鲁国大将，和齐国打了三仗都被打败。他的主公鲁庄公不得已，把鲁国一个叫遂的城邑送给齐国，才算太平。但曹子看鲁庄公不高兴，就趁齐桓公和鲁庄公在齐国的柯邑会盟时，拿剑劫持齐桓公，逼迫他答应全部归还所占领的鲁国领土，才罢手。而齐桓公倒也信守诺言，最终把已经到手的土地，全部还给了鲁国。

这个故事更著名的版本是司马迁的《史记·刺客列传》中讲曹沫的部分，情节上稍有出入，但大致无二。至于著名的《曹刿论战》里的曹刿、《公羊传》中的曹子和《穀梁传》、《史记》中的曹沫是否就是同一人，学者历来都有争议。宋代苏辙认为两者就是一人："沫盖知义者也，而肯以其身为刺客之用乎？"（苏辙《古史》）。复旦大学陈正宏教授从训诂角度给出证据：刿，本身就是刺伤的意思。《说文》："刿，利伤也。"段玉裁注也说"利伤者，以芒刃伤物"。某人取刺伤什么的做自己的名字，毕竟比较怪异；但如果那名字是后人因其干了某件事出名而赋予的外号，就顺理成章了——因此，这位曹子名字里的"刿"字，或许根本就不是他的大名，只不过是个外号；而这外号，也许就是因为他曾经劫

持过齐桓公而得。至于他的真名，很可能就是《史记》所记的曹沫了。(陈正宏《史记精读》)

其中颇可玩味的是最后部分，齐桓公没有反悔誓坛上被迫做出的约定，最终践行了诺言。按照现代的信用规则，口头承诺的效用远远低于书面承诺，因胁迫等因素非自愿所做的承诺，反悔更属理所当然，但齐桓公坚守信诺，可见在春秋时代诸侯的交往游戏规则中，信处于极高的地位。当众的口头承诺也会被视为不可变更的重要证词。成语"一言既出，驷马难追"，就源自《论语·颜渊》"驷不及舌"句下的郑玄注，所谓"过言一出，驷马追之不及舌"，反映的正是早期中国人信的观念，既出之言在其中居于绝对重要的位置。

在《论语》中，守信不仅是考察君子的一个重要标准，更是考察政治家的一个指标：子曰："道千乘之国，敬事而信，节用而爱人，使民以时。"(《学而》)意思是：孔子认为，领导一个能出千乘兵车的大国，临事该谨慎专一，又要能守信。该节省财用，以爱人为念。使用民力，要顾及他们的生产时间。可见，在儒家的政治思想中，守信是作为一个政治家最基本的素质。

召陵之盟

鲁僖公四年（公元前656年）

【《左传》原文】

　　四年春，齐侯以诸侯之师侵蔡①，蔡溃，遂伐楚。

　　楚子使与师言曰②："君处北海，寡人处南海③，唯是风马牛不相及也④。不虞君之涉吾地也⑤，何故？"管仲对曰："昔召康公命我先君大公曰⑥：'五候九伯⑦，女实征之⑧，以夹辅周室。'赐我先君履⑨，东至于海⑩，西至于河，南至于穆陵⑪，北至于无棣⑫。尔贡苞茅不入⑬，王祭不共⑭，无以缩酒⑮，寡人是徵⑯。昭王南征而不复⑰，寡人是问⑱。"对曰："贡之不入，寡君之罪也，敢不共给？昭王之不复，君其问诸水滨。"师进，次于陉⑲。

注 解

①诸候之师：指参与侵蔡的鲁、宋、陈、卫、郑、许、曹等诸侯国的军队。蔡：诸侯国名，姬姓，在今河南上蔡、新蔡一带。　②楚子：指楚成王。　③北海、南海：泛指北方、南方边远的地方，不实指大海。　④唯是：因此。风：公畜和母畜在发情期相互追逐引诱。这句话的意思是说由于相距遥远，虽有引诱，也互不相干，一说也。另一说：风：走失，即便是走失的马牛也各不相及。　⑤不虞：不料，

没有想到。涉：淌水而过，这里的意思是进入，委婉地指入侵。　⑥召康公：召公奭，周文王之子，周武王、周公旦之同父异母弟。周成王的太保，是周朝三公（太师、太傅、太保）之一。"康"是谥号。先君：已故的君主。大公：太公，指姜尚，齐国的始祖。　⑦五侯：公、侯、伯、子、男五等爵位的诸侯。九伯：九州的长官。五侯九伯泛指各国诸侯。　⑧实征之：可以征伐他们。　⑨履：践履之界。　⑩海：指渤海和黄海。⑪河：黄河。穆陵：地名，在今湖北麻城北的穆陵山。　⑫无棣：地名，当在今河北隆户。　⑬贡：贡物。苞：裹束。茅：菁茅。入：进贡。　⑭共：同"供"，供给。　⑮缩酒：渗滤酒渣，祭祀时持酒沃包茅，酒渗而下，以象征神灵饮酒。　⑯寡人：古代君主自称。是徵：徵取这种贡物。　⑰昭王：周成王的孙子周昭王。周昭王南征，渡汉水，船坏溺死。　⑱问：责问。　⑲次：军队临时驻扎。陉（xíng）：楚国地名，今河南郾城县。

【今译】

鲁僖公四年的春天，齐桓公率领诸侯国的军队入侵蔡国。蔡国溃败，诸侯军接着又去攻打楚国。

楚成王派使节对齐桓公说："您在北海，我在南海，这就像走失的马和牛一样各不相及。没想到您来到我们的国土，为什么呢？"管仲回答说："从前召康公命令我们先君姜太公说：'天下的诸侯国，你都可以征讨他们，以辅佐周王室。'召公赏赐给我们先君足迹所至的范围：东到海边，西到黄河，南到穆陵，北到无棣。你们该进贡的苞茅没有上贡，使天子的祭祀供不上，不能进行缩酒敬神的仪式，我特来徵收贡物；周昭王南渡汉水没有返回，我来查问这件事。"楚国使臣回答说："贡品没有交纳，是我们国君的过错，我们怎么敢不供给呢？周昭公南巡没有返回，还是请您到水边去问一问吧！"于是齐军继续前进，临时驻扎在陉。

【《左传》原文】

夏，楚子使屈完如师①。师退，次于召陵②。

齐侯陈诸侯之师③，与屈完乘而观之。齐侯曰："岂不谷是为④？先君之好是继。与不谷同好⑤如何？"对曰："君惠徼福于敝邑之社稷⑥，辱收寡君⑦，寡君之愿也。"齐侯曰："以此众战⑧，谁能御之！以此攻城，何城不克！"对曰："君若以德绥诸侯⑨，谁敢不服？君若以力，楚国方城以为城，汉水以为池，虽众，无所用之⑩！"

屈完及诸侯盟⑪。

注解

①屈完：楚国大夫。如：到，去。师：盟国军队。　②召陵：楚国地名，在今河南偃城东。　③陈：通"阵"，列阵。　④不谷：不善，诸侯自己的谦称。为：音wèi。岂不谷是为：倒装句，宾语前置，岂是为了我呢？　⑤好（hǎo）：友好关系。　⑥惠：恩惠，这里作表示敬意的词。徼（yāo）：求。敝邑：对自己国家的谦称。　⑦辱：屈辱，这里作表示敬意的词。　⑧众：指诸侯的军队。　⑨绥：安抚。　⑩方城：指楚国北境的大别山、桐柏山一带山。　⑪盟：订立盟约。

【今译】

这年夏天，楚成王派使臣屈完到盟军中去交涉，盟军后撤，临时驻扎在召陵。

齐桓公让诸侯国的军队列阵，与屈完同乘一辆战车检阅军队。齐桓公说："诸侯们难道是为我吗？他们不过是为了继承我们先君的友好关系罢了。你们也同我们建立友好关系，怎么样？"屈完回答说："承蒙您光临楚国并为我们的国家求福，肯降格接纳我们国君，这正是我们国君的心愿。"齐桓公说："我率领这些诸侯军队作战，谁能抵挡？我让这些军队攻打城池，什么样的城攻不下？"屈完回答说："如果您用仁德来安抚诸侯，谁敢不顺服？如果您用武力的话，那么楚国就把方城山当作城墙，把汉水当作护城河，您的兵马虽然众多，恐怕也没有用处！"

屈完代表楚国与诸侯国订立了盟约。

【《春秋》原文】

春，王正月，公会齐侯、宋公、陈侯、卫侯、郑伯、许男、曹伯侵蔡，蔡溃。遂伐楚，次于陉。楚屈完来盟于师，盟于召陵。

【《公羊传》原文】

溃者何？下叛上也。国曰溃，邑曰叛。

其言次于陉何？有俟也。孰俟？俟屈完也。

屈完者何？楚大夫也。何以不称使？尊屈完也。曷为尊屈完？以当桓公也。其言盟于师、盟于召陵何？师在召陵也。师在召陵，则曷为再言盟？喜服楚也。何言乎喜服楚？楚有王者则后服，无王者则先叛。夷狄也，而亟病中国，南夷与北狄交。中国不绝若线，桓公救中国，而攘夷狄，卒怗荆，以此为王者之事也。其言来何？与桓为主也。前此者有事矣，后此者有事矣，则曷为独于此焉？与桓公为主，序绩也。

【《春秋》今译】

鲁僖公四年春周历正月，鲁僖公会合齐桓公、宋桓公、陈宣公、卫文公、郑文公、许缪公、曹昭公侵入蔡国。蔡国溃散。于是就讨伐楚国，驻留在陉山多日。楚国的屈完前来军队中结盟，在召陵结盟。

【《公羊传》今译】

溃散是什么意思？以下叛上。国叫溃散，邑叫叛离。

说停留在陉山多日是为什么？是有所等待。等待谁？是等待屈完。

屈完是什么人？是楚国的大夫。为什么不称使者？是尊重屈完。为什么尊重屈完？因为他和桓公结盟。说在军队中结盟、在召陵结盟是为什么？因为军队在召陵。军队在召陵，那么为什么第二次又说结盟？是为使楚国服从而欣喜。说为使楚国服从而欣喜是为什么？因为楚国有齐桓公行王者之事就后服从，没有齐桓公行王者之事就先反叛，他们是夷狄，屡次侵灭中原。南方的楚和北方的狄交相作乱，中原各国虽不断绝也像线一样微弱了。齐桓公救援中原各国而排斥夷狄，终于使楚国服帖，拿这个当作王者的事业。说前来是什么意思？是赞许齐桓公主持此事。在此事件的前后都有类似事件，为什么独独看中这件事？是赞许齐桓公主持此事，排列他功绩的先后次序（以示没有比使楚国服从更大的功绩了）。

【释义】

齐国攻打楚国奉行的是"尊王攘夷"外交政策。"尊王攘夷"，即尊勤周王，攘斥外夷。"尊王"，就是尊崇周王的权力，维护周王朝的宗法制度。"攘夷"，即抵御中原黄河中下流域诸夏以外的夷狄的侵扰。

在齐桓公的时代，北方的山戎和狄人不断向南进攻。公元前664年，山戎伐燕，齐军救燕。公元前661年狄人攻邢，齐桓公采纳管仲"请救邢"的建议，打退了毁邢都城的狄兵，并在夷仪为邢国建立了新都。次年，狄人大举攻卫，卫懿公被杀。齐桓公率诸侯国替卫国在楚丘另建新都。与此同时，南方的楚国在稳定了江、汉之间以后，随即向北侵略。到公元前656年，联军伐楚，迫使楚国同意进贡周王室，楚国也表示愿加入齐桓公为首的联盟，听从齐国指挥，这就是召陵之盟。所以召陵之盟的目的是抑制楚国北侵，保护中原诸国。因此，齐桓公称霸的年代，就是儒家所说"南夷与北狄交，中国不绝如线"的时代，华夏诸国有采取联合一致、抗拒外侮的需要，而齐桓公的事业正是满足了这种时代的需要，团结诸夏，抵抗戎狄蛮夷，连孔子也对齐桓公和管仲钦佩不已，他说："没有管仲的话，我们华夏各国都要变成披发与左扣衣襟的夷狄了。"齐桓公的霸业固然成就了君臣二人，在孔子看来，更重要的是，他保护了中原经济和文化的发展，为华夏文明的存续做出了巨大贡献。

《春秋》尊王攘夷的正统观延续了几千年，只是所攘的"夷"会随着政治形势的变化而变化。换言之，"尊王攘夷"四个字有巨大的阐释空间。后世帝王凡遇到国家分裂时，都争相表白自己是正统，南北朝分裂时就是典型。正统观演变到后来，便强调汉民族的主宰地位，在异族入主时表现得尤为强烈。如南宋时占据中原的金国，元代统治全国的蒙古人及清代统治全国的满洲，都有汉族儒者不认同其正统地位。20世纪的抗日战争时期，语言学家杨树达在写作《春秋大义述》时还把"攘夷"置于第一章节，并在其中寄托着共抵外侮的愿望，可见"尊王攘夷"的概念是多么深入人心。

葵 丘 之 盟

鲁僖公九年（公元前651年）

【《左传》原文】

夏，会于葵丘^①，寻盟^②，且修好，礼也。

王使宰孔赐齐侯胙^③，曰："天子有事于文武^④，使孔赐伯舅胙^⑤。"齐侯将下拜。孔曰："且有后命。天子使孔曰：'以伯舅耋老^⑥，加劳^⑦，赐一级，无下拜。'"对曰："天威不违颜咫尺^⑧，小白余敢贪天子之命^⑨，无下拜？——恐陨越于下^⑩，以遗天子羞。敢不下拜？"下，拜，登，受^⑪。

秋，齐侯盟诸侯于葵丘，曰："凡我同盟之人，既盟之后，言归于好。"

宰孔先归，遇晋侯曰^⑫："可无会也。齐侯不务德而勤远略，故北伐山戎^⑬，南伐楚^⑭，西为此会也。东略之不知，西则否矣^⑮。其在乱乎！君务靖乱，无勤于行。"晋侯乃还。

注解

①葵丘：今河南兰考县境内。　②寻：重申旧事。前一年，齐桓公曾在曹国会集诸侯，所以这次集会称"寻盟"。　③宰孔：宰是官，孔是名，周王室的卿士。齐侯：指齐桓公。胙：祭祀用的肉。周王赐给异姓诸侯祭肉，是一种优礼。　④文武：周文王和周武王。事：指祭祀。　⑤伯舅：天子称异姓诸侯叫伯舅。因周王室与异姓诸侯通婚。　⑥耋（dié）：年七十为耋。　⑦加劳：加上有功劳于王室。周襄王因得齐桓公的支持，才能继承王位。　⑧咫：八寸。咫尺：形容很近。　⑨小白：齐桓公自称名。　⑩陨越：坠落。　⑪下：下阶。拜：拜谢。登：登堂。受：受胙。指受赐时的四个动作。　⑫晋侯：晋献公。　⑬山戎：北戎，北方民族。北伐山戎：在鲁庄公三十一年，公元前663年。　⑭南伐楚：鲁僖公四年，公元前656年。　⑮东边的军事战略虽不能预料，西边可不会有什么作为了。

【今译】

夏天，齐桓公在葵丘与各国诸侯聚会，为的是重申原来的盟誓，使大家更加和好。这是合乎礼的。

周襄王派宰孔赏赐齐侯祭肉。宰孔说："天子正忙于祭祀文王、武王，特派我来，赏赐伯舅祭肉。"齐侯刚要下阶拜谢。宰孔说："后面还有命令哩。天子命我告诉您：'伯舅年纪大了，加之对王室有功，特赐爵一级，不必下阶拜谢。'"齐桓公答谢："天子的威严，离我不过咫尺，小白我岂敢贪受天子之命而不下拜呢？果真那样，只怕我会垮台，使天子也蒙受羞耻。怎敢不下阶拜谢？"于是下阶，拜谢，登堂，领赏。

这年秋天，齐桓公在葵丘和诸侯会盟，说："凡是我们同盟的人，既已盟誓之后，就言归友好。"宰孔先于诸侯回国，途中遇上晋献公，说："可不必去参加会盟。齐侯不致力于修德而勤于远征，所以向北边攻打山戎，向南边攻打楚国，在西边举行了这次会盟。是否要向东边征伐还不知道，攻打西边是不可能了。晋国大概会有祸乱吧！君王应该致力于安定国内祸乱，不要忙于远行参加会盟。"晋献公于是就回国了。

【释义】

如果说"召陵之盟"是"攘夷"，那么"葵丘之盟"就是"尊王"。

召陵之盟之前，周惠王想废掉太子郑，立自己爱妃生的儿子王子带为太子。齐桓公为了保全太子的地位，以诸侯要拜见太子为借口，在公元前655年，联合八国诸侯在首止开大会，太子郑在首止和诸侯见了面，一起住了几个月。

周惠王觉得太子郑不听使唤，但自己又无力和齐桓公抗争，就偷偷派人去劝告郑国不要参加结盟。郑国听了周王的话，离开了首止，剩下的七个诸侯共同缔结了共辅太子的盟约。后来，齐国又去攻打郑国，郑国也参加了盟约。

不久，周惠王死了，太子郑即位为周襄王。周襄王对齐桓公十分感激，派人给他送了祭肉、珍贵的弓箭和车子。齐桓公利用这个机会，于公元前651年在葵丘会合诸侯，招待周王的使者。

在葵丘之会上，齐桓公代表诸侯各国宣读了共同遵守的盟约。其主要内容是，不准把水祸引向别国；不准因别国灾荒而不卖给粮食；不准更换太子；不准以妾代妻；不准让妇女参与国家大事。这些内容，有些是各国在经济上互相协作的要求，有的是维护宗法统治秩序的需要。条约规定："凡我同盟之人，既盟之后，言归于好。"通过葵丘的盛会，齐桓公成为中原的首位霸主。

由齐桓公和周襄王之间的交情，可以想见齐桓公在葵丘之盟上的骄傲和自以为是了。因此《公羊传》记载此次盟会上，齐桓公"矜"，即盛气凌人，犹"莫己若也"，认为别人都比不上自己。他甚至说："寡人三次联合诸侯出兵，六次和诸侯会盟，定太子之位。人们都说以前三王伟大，现在我和他们有什么两样吗？我要到泰山去封禅。"封禅是天子的礼制规格，齐桓公这么做显然是僭越了礼仪，所以管仲劝谏，但桓公不听。管仲又说，要得到远方的珍奇怪物才能封禅，桓公才不考虑这事。齐桓公的骄傲也预示了他后来的悲剧。

公元前645年，管仲重病，桓公问他："群臣中谁可以代你为相？"管仲说："没人比君主更了解臣子。"桓公说："易牙如何？"管仲回答："杀掉孩子来讨好君主，不合人情，不可以。"桓公说："开方如何？"管仲回答："背弃亲人来讨好君主，不合人情，难以亲近。"

桓公说:"竖刁如何?"管仲回答:"阉割自己来讨好君主,不合人情,难以亲爱。"管仲死后,齐桓公不听管仲的话,重用三人,三人专权。公元前644年,戎狄攻打周朝,周告急于齐,齐令各国诸侯发兵救周。公元前643年,齐桓公重病,五公子(公子无亏、公子昭、公子潘、公子元、公子商人)各率党羽争位。十月,齐桓公死于宫廷政变,他被竖刁、易牙、开方三人禁闭在寝殿里活活饿死,死后六十多天,直到腐尸上的蛆爬出室外,才被人发现。而此时,他的五个公子还在互相攻打对方,齐国一片混乱。十二月,新立的齐君才把桓公收敛。

颠沛流离
晋文公大器晚成

　　晋文公重耳的故事与众不同，这是个描写成长的故事，因此比较励志。

　　早期的晋公子重耳懒惰、贪图安逸、对人有偏见、傲慢。但在19年的政治流亡过程中，落难公子经过重重磨砺逐渐走向成熟，他学会了谦卑、进取、宽容，并在秦国政治力量的支持下成为统治者，最后终于一战而称霸天下。

　　鲁僖公二十八年楚成王说晋文公"险阻艰难，备尝之矣；民之情伪，尽知之矣"。颠沛流离的经历，却给重耳走向复国霸业打开了另一扇大门，使得他大器晚成，并终成霸业。

晋国骊姬之乱

鲁僖公四年（前656年）

【《左传》原文】

　　初，晋献公欲以骊姬为夫人①，卜之②，不吉；筮之③，吉。公曰："从筮。"卜人曰："筮短龟长④，不如从长。且其繇曰⑤：'专之渝⑥，攘公之羭⑦。一薰一莸⑧，十年尚犹有臭。'必不可！"弗听，立之。生奚齐，其娣生卓子。

　　及将立奚齐，既与中大夫成谋⑨。姬谓大子曰⑩："君梦齐姜⑪，必速祭之！"大子祭于曲沃⑫，归胙于公⑬。公田⑭，姬置诸宫六日。公至，毒而献之。公祭之地，地坟⑮；与犬，犬毙；与小臣⑯，小臣亦毙。姬泣曰："贼由大子⑰。"大子奔新城⑱。公杀其傅杜原款。

①骊姬：晋献公的宠妃。　②卜：用龟甲占卜。　③筮：用蓍草占卜。　④短：指不灵验。长：指灵验。　⑤繇（zhòu）：记录占卜结果的兆辞。　⑥专之：指专宠骊姬。渝：变。　⑦攘：夺去。瑜（yú）：羊名，这指美。意思是专宠过分就会生变，夺取公之美好事物，这里暗指太子申生，或指公之美德。　⑧薰：香草。莸（yóu）：臭草。　⑨中大夫：支持骊姬的宫中臣子。成谋：定好计，有预谋。　⑩大子：即太子，指申生。　⑪齐姜：申生的亡母。当时习俗，死人入梦求食，暗示亲人应当赶快祭祀。　⑫曲沃：晋国的旧都，在今山西闻喜县东。　⑬胙：祭祀时用的酒肉。　⑭田：打猎。　⑮祭之地：用酒祭地。坟：坟起土堆。　⑯小臣：宫中的小官，即宦官。　⑰贼：谋害。　⑱新城：指曲沃。

【今译】

当初，晋献公想把骊姬立为夫人，便用龟甲来占卜，结果不吉利；然后用蓍草占卜，结果吉利。晋献公说："照蓍草的结果办。"卜人说："筮占不灵验，龟卜灵验，不如照灵验的办。再说蓍草的兆辞说：专宠过分会生变乱，会夺去您的所爱。香草和臭草放在一起，十年后还会有臭味。不能这么做。"晋献公不听，把骊姬立为夫人。骊姬生了奚齐，她随嫁的妹妹生了卓子。

到了快要把奚齐立为太子时，骊姬已和宫中近侍有了预谋。骊姬对太子申生说："国君梦见了你母亲齐姜，你一定要赶快去祭祀她。"于是太子去曲沃祭祝，把祭祝的酒肉带回来给晋献公。晋献公在外打猎，骊姬把这些酒肉在宫中放了六天。晋献公打猎回来，骊姬在酒肉中下了毒药献给献公。晋献公洒酒祭地，地上的土凸起成堆；拿肉给狗吃，狗被毒死；给宫中小臣吃，小臣也死了。骊姬哭着说："是太子想谋害您。"于是太子逃到了新城，晋献公杀了太子的师傅杜原款。

【《左传》原文】

或谓大子："子辞①，君必辩焉②。"大子曰："君非姬氏，居不安，食不饱。我辞，姬必有罪。君老矣，吾又不乐。"曰："子其行乎？"大子曰："君实不察其罪，被此名也以出③，人谁纳我④？"

十二月戊申，缢于新城⑤。

姬遂谮二公子曰⑥："皆知之。"重耳奔蒲⑦，夷吾奔屈⑧。

注解

①辞：申辩。　②辩：明辨是非。　③被：蒙受。此名：指弑父的罪名。　④人谁：谁人。纳：收容。　⑤缢：上吊。　⑥谮：诬陷，中伤。二公子：指重耳和夷吾。　⑦重耳：晋献公的庶子，太子申生的异母弟，后为晋文公。蒲：重耳的采邑，在今山西隰县西北。　⑧夷吾：晋献公庶子，申生的异母弟，后为晋惠公。屈：夷吾的采邑，在今山西吉县。

【今译】

有人对太子说："您要申辩。国君一定会辩明是非。"太子说："君王如果没有了骊姬，会睡不安，吃不饱。我一申辩，骊姬必定有罪。君王老了，我又不能使他快乐。"那人说："您想出走吗？"太子说："君王还没有明察骊姬的罪，我带着弑父的罪名出走，谁会接纳我呢？"

十二月戊申，太子申生在新城自缢。

骊姬接着又向国君诬陷重耳和夷吾两个公子说："他们都知道太子的阴谋。"于是，重耳逃到了蒲城，夷吾逃到了屈城。

鲁僖公五年（公元前655年）

【《左传》原文】

初，晋侯使士蒍为二公子筑蒲与屈①，不慎，置薪焉②。夷吾诉之。公使让之。士蒍稽首而对曰："臣闻之，无丧而戚③，忧必雠焉④。无戎而城，仇必保焉⑤。寇仇之保，又何慎焉？守官废命⑥，不敬；固仇之保，不忠。失敬与忠，何以事君？《诗》云：'怀德惟宁，宗子惟城⑦。'君其修德而固宗子，何城如之？三年将寻师焉⑧，焉用慎？"退而赋曰："狐裘尨茸⑨，一国三公，吾谁适从⑩？"

及难，公使寺人披伐蒲⑪。重耳曰："君父之命不校⑫。"乃徇曰⑬："校者，吾仇也。"逾垣而走。披斩其袪⑭，遂出奔翟⑮。

守官废命，不敬；固仇之保，不忠。失
敬与忠，何以事君？

鲁僖公六年（前654年）

【《左传》原文】

六年春，晋侯使贾华伐屈⑯。夷吾不能守，盟而行⑰。将奔狄，郤芮⑱曰："后出同走，罪也，不如之梁⑲。梁近秦而幸焉⑳。"乃之梁。

> 注解
>
> ①士蒍（wěi）：晋国大夫。　②置薪：在筑城的土墙中掺杂柴草。　③戚：忧愁，悲伤。　④雠：对应，随之而来。　⑤仇：仇敌。保：守。　⑥守官：在职的官员。废命：不接受君命。　⑦这两句诗出自《诗·大雅·生民之什·板》。怀德：心存德行。宗子：献公的公子们，此处指重耳、夷吾。　⑧寻师：用兵。　⑨狐裘：大夫的服饰。龙（méng）茸：蓬松杂乱的样子。　⑩适从：听从。　⑪寺人：阉人。披：人名。　⑫校：违抗。　⑬徇：遍告，布告。　⑭祛（qū）：袖口。　⑮翟：同"狄"，古时中国北方的少数民族。　⑯贾华：晋国大夫。　⑰盟：与屈人立盟，约定屈人以后帮助夷吾。　⑱郤芮（ruì）：晋国大夫，郤之战中郤克的祖父。　⑲之：去，往。梁：诸侯国名，嬴姓，在今陕西韩城县南。　⑳秦：诸侯国名，嬴姓，在今陕西凤翔县。幸：宠信。

【今译】

当初，晋献公派大夫士蒍为重耳和夷吾修筑蒲城和屈城，他工作不认真，在城墙里掺入柴草。夷吾将此事告诉了晋献公。晋献公派人责备士蒍。士蒍叩头回答说："臣下听说，没有丧事而悲伤，忧愁定会随之而来。没有战事而筑城，反面让国内的敌人为他们作战。既然仇敌会来占据，又何必那么小心呢？在职而不受君命，这是不敬，加固仇敌的城池，这是不忠。失去了恭敬和忠诚，我拿什么来事奉国君呢？《诗》说："心怀德行就是安宁，同宗子弟就是坚城。"国君如果能修德行并巩固宗子的地位，有什么城池比得上呢？三年之后就要用兵，哪里用得着那么小心？"士蒍退下来后赋诗说："狐皮裘子毛杂松，一个国家有三公，我该跟从哪一个？"

到灾祸发生时，晋献公派寺人披去攻打蒲城。重耳说："君父的命令不能违抗。"于是他告诉众人说："违抗君命的人就是我的仇敌。"重耳翻墙逃走，寺人披砍下了他的袖口。重耳于是逃亡到狄国。

鲁僖公六年的春天，晋献公派贾华去攻打屈城。夷吾守不住，与屈人订立盟约后出走。夷吾准备逃往狄国，郤芮说："你在重耳之后出逃，却同样逃往狄国，这证明了你有罪，不如去梁国。梁国靠近秦国，而且得到秦国的信任。"于是夷吾去了梁国。

【释义】

《左传》中大多数人物形象的性格特征是和"礼"密切相关的，作者的审美观念在人物描写中有明显的倾向性。大凡言行符合"礼"的就是好人（明主、仁君、贤相、良臣），违反"礼"的就是坏人

（昏君、暴君、庸君、乱臣、贼子），为了惩恶扬善，通常好人便处处好，坏人便处处坏。但《左传》并不那么单一，书中也充满无辜者不明不白地遭迫害和被杀害的例子，晋公子申生就是典型。他善良、孝顺，却又秉持狭义的孝道观念，宁可自尽也不愿让父亲不乐。申生是个悲剧性的人物，让人惋惜，但也由此可见《左传》在人物描写时的开放性和包容性。

此外，晋国的骊姬之乱是晋公子重耳最终成为霸主的序曲和铺垫。《左传》在记写人物事迹时，特别注意选取矛盾冲突最为激烈的时刻。在家族或国家最紧急危难的时候，主人公出现了。读者由他在危难中的反应来了解他的性格特质，并预设他的未来。比如在骊姬之乱后，重耳和夷吾都因骊姬的诬告而遭遇采邑被攻打的境遇。但重耳是忠厚的，在蒲城人愿意起兵保护他的情况下，他坚辞不受，并通告众人"违抗君命的人就是我的敌人"。与之相反，夷吾却与被派来攻城的贾华直接对抗。在重耳的反衬下，夷吾与父亲的军队对抗，有违孝道，又不合礼。这几乎是两人后来发展的预演。夷吾虽然由秦国转回晋国并成为晋惠公，但终因治理不善，导致晋国内忧外患，他的儿子晋怀公终被重耳所取代。历尽磨难的重耳也终成一代霸主晋文公。这种不介绍姓甚名谁而直接展现人物性格特点的写法也被后来优秀的史传如《史记》、《汉书》所取法。因为政治事态最为紧迫的时刻，才能充分表现人物的性格和能力。这些时刻还有助于加强作品的紧张感，提起阅读兴趣，加强阅读快感。

晋公子重耳之亡

鲁僖公二十三年（公元前637年）

【《左传》原文】

晋公子重耳之及于难也①，晋人伐诸②蒲城，蒲城人欲战，重耳不可，曰："保③君父之命而享其生禄，于是乎得人。有人而校④，罪莫大焉。吾其⑤奔也。"遂奔狄。从者狐偃⑥、赵衰⑦、颠颉、魏武子、司空季子。

狄人伐廧咎如⑧，获其二女叔隗、季隗⑨，纳诸公子。公子娶季隗，生伯儵⑩、叔刘；以叔隗妻赵衰，生盾。将适⑪齐，谓季隗曰："待我二十五年，不来而后嫁。"对曰："我二十五年矣，又如是而嫁，则就木⑫焉，请待子。"处狄十二年而行。

过卫，卫文公不礼焉。出于五鹿，乞食于野人，野人与之块⑬。公子怒，欲鞭之。子犯⑭曰："天赐也！"稽首⑮受而载之。

注解

①公子重耳即晋文公，晋献公之子。献公后娶骊姬，听其谗言，以为太子申生欲毒害自己。申生不辩亦不逃，最后自缢身亡。骊姬又诬陷重耳和夷吾也参与毒害的阴谋，于是重耳逃亡到封地蒲城，夷吾逃亡到封地屈城，这就是"骊姬之乱"。 ②兼词，之于。 ③保：依靠，仗恃。 ④校（jiào）：抵抗。 ⑤其：还是。 ⑥狐偃：重耳的舅父。 ⑦衰：音cuī。 ⑧廧咎如：部族名，狄族的别种，隗姓。廧音qiáng，咎音gāo。 ⑨隗：音wěi。古人以伯仲叔季区分长幼，据《左传》，重耳娶少者，以其姊与赵衰。 ⑩儵音tiáo。 ⑪适：到、往。 ⑫就木：老死而进棺木。 ⑬块：土块。 ⑭子犯：即狐偃。 ⑮稽（qǐ）首：叩头至地良久，是古人最重的礼节。

【今译】

晋公子重耳遭难时，晋军在蒲城攻打他。蒲城人要迎战，重耳不同意，说："依靠了国君父亲的命令而得到俸禄，因此才得到人民的拥护。有百姓的拥护而反抗，没有比这再大的罪过了。我还是出逃吧。"于是就逃到狄国。跟随的有狐偃、赵衰、颠颉、魏武子、司空季子。

狄国人攻打一个叫廧咎如的部落，俘获了两个女子——叔隗和季隗，把她们送给了公子重耳。重耳娶了季隗，生下伯儵和叔刘。他把叔隗嫁给赵衰为妻，生下赵盾。重耳准备去齐国，他对季隗说："等我二十五年，我不回来，你再改嫁。"季隗回答说："我已经二十五岁了，再过二十五年改嫁，就进棺材了。还是让我等您吧。"
重耳在狄国住了十二年才离开。

重耳经过卫国，卫文公没有以礼相待。重耳从五鹿离开往东走，
向乡下人乞食，乡下人给了他土块。重耳大怒，想鞭笞他。狐偃说：
"这是上天的恩赐。"重耳叩头至地，把土块接过来放到了车上。

【原文】

及齐，齐桓公妻之①，有马二十乘②。公子安③之，从者以为不可。
将行，谋于桑下。蚕妾④在其上，以告姜氏⑤。姜氏杀之，而谓公子曰：
"子有四方之志，其闻之者，吾杀之矣。"公子曰："无之。"姜曰："行
也！怀与安，实败名⑥。"公子不可。姜与子犯谋，醉而遣之。醒，
以戈逐子犯。

及曹⑦，曹共公闻其骈胁⑧，欲观其裸。浴，薄⑨而观之。僖
负羁⑩之妻曰："吾观晋公子之从者，皆足以相⑪国。若以相，夫子
必反其国。反其国，必得志于诸侯。得志于诸侯而诛无礼，曹其
首也。子盍蚤自贰焉⑫。"乃馈盘飧⑬，置璧焉⑭。公子受飧反璧。

及宋⑮，宋襄公赠之以马二十乘。

注解

①妻之：使重耳有妻子，即后文中的姜氏。　②一乘四匹，二十乘，即八十匹马。　③安之：以之为安。　④蚕妾：养蚕的侍妾。　⑤姜氏：重耳在齐国娶的妻子。齐是姜姓国，所以称姜氏。　⑥怀恋妻子和贪图安逸，确实败坏功名。　⑦曹：诸侯国名，姬姓，在今山东定陶县西南。　⑧骈（pián）：相连。胁，身躯两侧，自腋下到肋骨尽处。　⑨薄：杜预注为迫、逼近，即日薄西山中薄之义。杨伯峻注为设薄帷帘。　⑩僖负羁：曹大夫。　⑪相：协助。　⑫盍：何不。蚤：通"早"。自贰：不同于曹共公对待重耳的态度。　⑬飧（sūn）：晚饭。　⑭璧：平圆形、中间有孔的玉器。焉：于之，在晚饭中。　⑮宋：诸侯国名，子姓，在今河南商丘。

【今译】

重耳到了齐国，齐桓公给他娶了个妻子，还给了他八十匹马。重耳安于齐国的生活。但随行的人认为这样不行，准备离去，在桑树下商量。养蚕的侍妾正好在桑树上听到，把这事告诉姜氏。姜氏杀了她，对重耳说："您有远大的志向，听到的人，我已经杀了。"重耳说："没有的事。"姜氏说："走吧，怀恋妻子和贪图安逸，确实败坏功名。"重耳不肯。姜氏与子犯商量，灌醉了重耳，然后把他送走，重耳酒醒后，拿起戈就去追击子犯。

到了曹国，曹共公听说重耳的肋骨排比很密，像连成一块，想看看他的裸体。趁他洗澡，曹共公靠近了去看。曹国大夫僖负羁的妻子说："我看晋国公子的随从，都足以辅助国家。如果让他们辅佐，晋公子一定能回到晋国当国君。回到晋国，他一定能在诸侯中得志。在诸侯中得志而讨伐对他无礼的国家，曹国恐怕是第一个。你何不趁早向他表示自己与曹君不同呢？"于是僖负羁就给重耳送去了一盘食物，里面藏着玉璧。重耳接受了食物，退回宝玉。

到了宋国，宋襄公送给了重耳八十匹马。

【原文】

及郑，郑文公亦不礼焉。叔詹谏曰："臣闻天之所启①，人弗及也，晋公子有三焉，天其或者将建诸②？君其③礼焉！男女同姓，其生不蕃④。晋公子，姬出也⑤，而至于今，一也。离外之患⑥，而天不靖晋国⑦，殆将启之⑧，二也。有三士，足以上人，而从之，三也。晋，郑同侪⑨，其过子弟⑩，固⑪将礼焉，况天之所启乎？"弗听。

注解

①启：开，引申为赞助。 ②其、或者：都表示揣测语气，此处连用，即加强不肯定的语气。诸：之。 ③其：还是。 ④蕃：繁盛。 ⑤姬姓父母所生，重耳父母都姓姬。 ⑥离：同"罹"，遭受。 ⑦靖：安定。 ⑧殆：大概。 ⑨侪（chái）：等。同侪，同等。 ⑩其过子弟：那些路经我国的晋国公子。 ⑪固：本来。

【今译】

　　到了郑国，郑文公也不礼遇重耳。大夫叔詹劝谏郑文公说："臣下听说上天所赞助的人，别人比不上的。晋公子有三条，上天或许要立他为君，您还是以礼相待吧！父母同姓，子孙不能繁盛。晋公子重耳的父母都姓姬，他却一直活到今天，这是一。遭遇流亡在外的灾难，而上天还不使晋国安定，大概是要赞助他吧，这是第二。跟随他的人里面有三人是人上人，却仍然跟随着他这是三。晋国和郑国地位同等，路过郑国的晋国子弟，我们本应以礼相待，何况晋公子是上天赞助的人呢？"郑文公没有采纳叔詹的建议。

【原文】

　　及楚，楚子飨之^①，曰："公子若反晋国，则何以报不谷^②？"对曰："子女玉帛，则君有之；羽毛齿革，则君地生焉。其波及晋国者^③，君之余也。其何以报君？"曰："虽然^④，何以报我？"对曰："若以君之灵^⑤，得反晋国，晋楚治兵^⑥，遇于中原，其辟君三舍^⑦。若不获命^⑧，其左执鞭弭，右属櫜鞬^⑨，以与君周旋。"子玉^⑩请杀之。楚子曰："晋公子广而俭，文而有礼。其从者肃而宽，忠而能力。晋侯^⑪无亲，外内恶之。吾闻姬姓唐叔之后，其后衰者也^⑫。其^⑬将由晋公子乎！天将兴之，谁能废之？违天，必有大咎^⑭。"乃送诸秦。

注解

①楚子：指楚成王。飨：设宴款待。　②不谷：不善，君王自称的谦词。　③波及：流散到。　④虽然：尽管这样。　⑤灵：威灵。以君之灵：托君之福。　⑥治兵：征伐战争，此处为外交辞令，用演练军队来避免战争字样。　⑦辟：同"避"。舍：古时行军日行三十里，所以一舍为三十里。　⑧不获命：不获退兵之命　⑨弭（mǐ）：弓。属（zhǔ）：佩戴。櫜（gāo）：箭袋。鞬（jiān）：弓袋。　⑩子玉：名得臣，楚国大夫。　⑪晋侯：指晋惠公夷吾，忌刻而无亲近之臣。　⑫唐叔，晋始封之君。当时传说，晋在所有的姬姓诸国中最后开始衰亡。　⑬其：表揣测，大概。　⑭咎：祸。

【今译】

到了楚国，楚成王设宴招待重耳，说："如果公子回到晋国，拿什么来报答我？"重耳回答说："男女奴隶、玉帛您都有了，鸟羽、兽毛、象牙和犀革，都是楚国出产的。那些流散到晋国的，都已经是您剩下的。我拿什么报答您呢？"楚成王说："尽管如此，你拿什么来报答我？"重耳回答说："如果托您的福，我能返回晋国，一旦晋国和楚国交战，在中原相遇，晋军就退避九十里地。如果还得不到您退兵的命令，那我就只好左手执鞭执弓，右边挂着箭袋和弓套，来和您较量一番。"楚国大夫子玉请求楚成王杀掉晋公子重耳。楚成王说："晋公子心胸宽广生活朴素、言辞文雅彬彬有礼。

他的随从严肃而宽厚，忠诚而能为他效力。现在晋惠公没有亲近的人，国内外的人都憎恨他。我听说姬姓中，唐叔的一支是最后衰亡的，恐怕要靠晋公子来振兴吧？上天要让他兴盛，谁能废除他呢？违背天意，必定会有大灾难。"于是楚成王就派人把重耳送去了秦国。

【释义】

"天降大任于斯人也，必先苦其心志，劳其筋骨，饿其体肤，是以动心忍性，增益其所不能。"统治者所应具备的品格，并非每一个继承者都能与生俱来，大多要靠生活的磨炼后天造就。重耳作为一名贵族公子，由落难出亡而逐渐走向成熟，到最终称霸的过程，是孟子这段名言的最好演绎。

重耳在狄国十二年，经过卫国、到达齐国、又经过曹国、到宋国、经郑国、到楚国、最后被送到秦国，十九年足迹所至北起黄河、南到长江、西至渭水、东及海滨。千里行程，一路风雨，不断成长：

在五鹿遭遇野人戏弄的经历教会他困窘时大丈夫要能屈能伸，识时务者为俊杰。

被姜氏女驱赶出齐国的经历教会他不能图一时闲逸，要卧薪尝胆，有四方之志。

但重耳的形象也不全是高大全的，有时也自私，有时也任性，这尤显出重耳这一形象的真实立体，也是这一形象能够深入人心的重要原因。

在狄国，重耳让妻子等二十五年，言不由衷，妻子一眼看出他的真实想法。

公子曰："无之。"……醒，以戈逐子犯——先赖后怒，小儿言行，让人忍俊不禁。

但在经过诸番磨砺后，在面对楚成王时，重耳已经进退有度，显露出可以担当一国之君的威仪了。

对曰："若以君之灵，得反晋国，晋楚治兵，遇于中原，其辟君三舍。若不获命，其左执鞭弭，右属櫜鞬，以与君周旋。"重耳的巧答也以成语的形式流传下来，至今为人习用。

除重耳以外，几位女性的形象也都声口毕肖、如在目前。

季隗贤良温驯，僖负羁之妻见识过人，让人印象最深的莫过于齐国的姜氏女，行事果决，而又有远见卓识，能从丈夫终身发展的角度考虑问题，因而被选入《列女传》，还安排了一个美好的结局：(晋文公)迎齐姜以为夫人。

秦纳晋文公

鲁僖公二十三年（公元前637年）

【《左传》原文】

秦伯纳女五人①，怀嬴与焉②。奉匜沃盥③，既而挥之④。怒⑤，曰："秦、晋，匹也⑥，何以卑我？"公子惧，降服而囚⑦。他日，公享之，子犯曰："吾不如衰之文也⑧，请使衰从。"公子赋《河水》⑨，公赋《六月》⑩。赵衰曰："重耳拜赐！"公子降，拜，稽首。公降一级⑪而辞焉。衰曰："君称所以佐天子者命重耳，重耳敢不拜？"

注 解

①秦伯：秦穆公。纳女五人：送给重耳五个女子作为姬妾。 ②怀嬴：秦穆公的女儿。晋惠公之子子圉在秦国做人质时，秦穆公把怀嬴嫁给他，子圉回到晋国后，继位为晋怀公，所以称他妻子为怀嬴。怀表示她是晋怀公的妻子，嬴是娘家的姓。怀嬴回到晋国后，怀嬴留在秦国，秦穆公又将之配给重耳。 ③奉：同"捧"。匜（yí）：注水器。沃：浇水。盥（guàn）：洗手。 ④重耳洗完手不待毛巾递上就甩手使干，此乃不敬之态。 ⑤怀嬴怒，主语省略。 ⑥匹：同等。⑦解去上衣以谢罪。 ⑧衰：即赵衰。文：言辞的文采，指善于辞令。 ⑨赋诗：此处指外交场合中主客双方命乐工奏《诗》中篇目，

以表达想要说的。《河水》：诗名，已失传。杜注："逸诗。义取河水朝宗于海，海喻秦。"也有说法认为此处"河"是"沔"的错字，《沔水》是《诗·小雅》的篇名，沔指河水流满，终归于大海，表示重耳周流于各国，最终归心于秦国。　⑩《六月》：《诗·小雅》中的篇名，是称颂尹吉甫辅佐宣王北伐猃狁获胜的诗篇，穆公以尹吉甫比拟重耳。　⑪下台阶一级，以辞重耳下台阶之礼。

【今译】

秦穆公送给他五个女子，秦穆公的女儿怀嬴也在其中。一次，怀嬴捧着盛水的器具让重耳洗手，重耳洗完不待毛巾递上就挥去手中的余水。怀嬴生气地说："秦国和晋国地位同等，你为什么瞧不起我？"重耳害怕了，脱下上衣把自己关起来表示谢罪。有一天，秦穆公请公子重耳赴宴。子犯说："我比不上赵衰善于辞令，让赵衰跟您去赴宴吧。"在宴会上，公子重耳赋《河水》一诗，表示自己回到晋国会服从秦国的领导。秦穆公赋《六月》一诗，表示希望重耳将来统治晋国，辅助周天子。赵衰说："重耳拜谢赐恩。"晋公子重耳退到阶下，拜，叩头。秦穆公也走下一级台阶，表示不敢接受重耳的降拜之礼。赵衰说："君王把用来辅助周天子的使命交给重耳，重耳岂敢不拜？"

鲁僖公二十四年（公元前636年）

【《左传》原文】

二十四年，春，王正月，秦伯纳之。不书，不告入也①。

及河，子犯以璧授公子，曰："臣负羁绁从君巡于天下②，臣之罪甚多矣，臣犹知之，而况君乎？请由此亡③。"公子曰："所不与舅氏同心者，有如白水！"投其璧于河。

济河，围令狐④，入桑泉⑤，取臼衰⑥。二月甲午，晋师军于庐柳⑦。秦伯使公子絷⑧如晋师。师退，军于郇。辛丑，狐偃及秦、晋之大夫盟于郇⑨。壬寅，公子入于晋师。丙午，入于曲沃⑩。丁未，朝于武宫⑪。戊申，使杀怀公于高梁⑫。不书，亦不告也。

注解

①不书：指《春秋》未记载。不告入：《春秋》未记载的原因是，晋国没有通告鲁国文公回国一事。　②羁（jī）绁（xiè）：马络头和马缰绳。负羁绁：担任仆役随从奔走。　③亡：出奔。　④令狐：晋地名，今山西省临猗县西。　⑤桑泉：晋地名，今山西省临猗县临晋镇东北。　⑥臼衰：晋地名，今山西省解州镇东北。　⑦庐柳：晋地名，今山西临猗县的庐柳城。　⑧公子絷：秦公子，名絷。　⑨郇（xún）：晋地名，在今山西省临猗县西南。　⑩曲沃：晋地名，在今山西省闻喜县东北。　⑪武宫：重耳的祖父晋武公的庙。　⑫高梁：晋地名，在今山西省临汾县。

【今译】

鲁僖公二十四年,春正月,秦穆公派军队护送公子重耳回晋国。《春秋》没有记载这件事,是晋国没有把重耳回国的事告诉鲁国。

到了黄河边上,子犯拿了一块玉璧献给公子重耳,说:"担任仆役随从您奔走于列国间,一路上得罪您的地方太多了。我自己都知道有罪,何况您呢?让我从此走开吧。"公子重耳说:"要是不同舅舅一条心,河神就来诅咒我!"说着就把那块玉璧扔到河里。

秦军护送重耳渡过黄河,围攻令狐,进入桑泉,拿下白衰。二月甲午,晋军驻扎在庐柳。秦穆公派遣秦国大夫公子絷到晋国军队中交涉。晋军后退,驻扎在郇城。辛丑,狐偃同秦、晋两国大夫在郇城订立盟约。壬寅,重耳接管了晋军。丙午,重耳进入曲沃城。丁未,重耳到武公庙朝拜。戊申,重耳派人到高梁杀晋怀公。《春秋》没有记载这件事,也是因为晋国没来告知鲁国。

【释义】

重耳事业的成功告诉我们,在春秋时代,一个国家如果要巩固统治、建立霸业就必须和各诸侯国建立普遍的联系,尤其是征得大国的支持。方式当然多种多样,其中联姻相当常见。用联姻的方式扩大势力范围,获得强大的军事援助。晋文公一路流亡,一路联姻。对与他联姻的国家来说,这是一种投资;对晋文公而言,这是一种获得国际援助和展示自己的很好的机会。不是每个流亡者都有这样令人惊喜的结果，但显然，晋文公抓住了这个看似不像机会的机会。流亡生活虽使他离开祖宗之国，失去领地和都邑，不再生活优越、衣食无忧，但这一灾难性的奇变，使他在挫折中学习，游历上国名都，结交大国之君，学习他国的治国方略，这些都使他开阔眼界，并逐步坚定了复国的心智。鲁僖公二十八年，楚成王说晋文公"险阻艰难，备尝之矣；民之情伪，尽知之矣"。颠沛流离的经历，却给重耳走向复国霸业打开了另一扇大门，使他大器晚成，并终成霸业。

另外，此段中狐偃之所以推荐赵衰陪同重耳前往面见秦穆公，因为他"善于文辞"。在春秋时代，"善于文辞"的表现是什么呢？原来就是善于使用《诗经》。《诗经》在春秋时期不仅仅是一部具有文学功能的诗集，更具备社交、外交功能。孔子在《论语》中说过："小子何莫学夫《诗》……迩之事父，远之事君。"（学生们为什么不学《诗经》？……学《诗》近的可以用来侍奉父母，远的，可以侍奉君主。）又说："诵《诗》三百，授之以政，不达；使于四方，不能专对；虽多，亦奚以为？"（熟读《诗经》三百篇，交给他政治任务，却办不好，叫他出使外国，又不能独立谈判酬酢，就算读得多，又有什么用呢？）可见，只有在社交和外交场合能熟练又恰当地运用《诗经》，才算是合格的士大夫。上文中，重耳和秦穆公的对答就以《诗经》为外交辞令。赵衰让重耳赋《河水》，以表达重耳周流各国，终归于秦，用了《诗经》的篇章后，就显得冠冕堂皇，没有谄媚讨好的感觉。而秦穆公赋《六月》，也客气地将重耳抬到一个很高的位置，体面地表达了自己的支持。两人通过引用《诗经》，不仅表达了良好的意愿，也体现了各自高深的道德修养。可见得《诗经》在春秋时代中的妙用。除了外交场合，《左传》中对一个人物的语言描写、或在事件结束对某个人物的评论，也会大量引用《诗经》，比如"秦伐晋济河焚舟"结尾部分，君子对秦穆公、孟明视的评论，"邲之战"最后楚庄王大段的独白，都赋《诗》明志、引《诗》据典。可见《诗经》是当时诸侯国共同的、常用的文化资源。

晋文公从善如流

鲁僖公二十四年（公元前636年）

【《左传》原文】

吕、郤畏逼①，将焚公宫而弑晋侯②。寺人披请见③。公使让之④，且辞焉，曰："蒲城之役，君命一宿，女即至。其后余从狄君以田渭滨⑤，女为惠公来求杀余，命女三宿，女中宿至⑥。虽有君命，何其速也？夫袪犹在⑦。女其行乎！"对曰："臣谓君之入也，其知之矣。若犹未也，又将及难。君命无二，古之制也。除君之恶，唯力是视。蒲人、狄人，余何有焉？今君即位，其无蒲、狄乎！齐桓公置射钩，而使管仲相⑧。君若易之⑨，何辱命焉？行者甚众，岂唯刑臣⑩？"公见之，以难告。

三月，晋侯潜会秦伯于王城。己丑晦⑪，公宫火。瑕甥、郤芮不获公，乃如河上，秦伯诱而杀之。晋侯逆夫人嬴氏以归。秦伯送卫于晋三千人⑫，实纪纲之仆⑬。

注解

①吕、郤：指晋惠公的旧臣吕甥、郤芮。畏逼：怕受到重耳的迫害。　②公宫：晋侯的宫庭。弑：以下杀上曰弑。晋侯：即重耳，即位以后为文公。　③寺人披：寺人即阉人，名披，曾奉晋献公之命到蒲城杀重耳，详见晋骊姬之乱。　④让：责备。　⑤田：打猎。⑥中宿：第二夜。　⑦袪(qū)：衣袖，蒲城之役中，寺人披追捕重耳时所斩断的重耳的袖子。此句表示晋文公不忘前仇。　⑧齐桓公句：齐桓公和公子纠争位的时候，管仲奉公子纠之命与桓公战于乾，管仲用箭射中了桓公衣上的带钩。但后来桓公却置射钩之事不问，封管仲为相。　⑨易：改变，此言与齐桓公的做法不同。　⑩刑臣：刑余之臣，寺人披自称。　⑪晦：月末之日。　⑫卫：保卫。送卫于晋：秦伯派人到晋国保卫重耳。　⑬纲纪之仆：得力的仆人。

【今译】

鲁僖公二十四年晋惠公的旧臣吕、郤两家害怕晋文公的迫害，准备烧毁宫室并杀害晋文公。寺人披请求面见晋文公。文公派人责备他，并且拒绝不见，说："蒲城那次刺杀，君王命令你过一个晚上到达，你立刻就到了。后来，我跟着狄君在渭水边打猎，晋惠公命你来刺杀我，叫你三个晚上以后到达，你过两晚就到了。虽然你是有君令在身，可是为什么要那么快呢？那时被你斩断的残袖我还留着，你还是走吧！"寺人披答道："小臣以为您既然回国为君，当然已经懂得为君的道理了；如果还没有，那么恐怕会又一次遭难。执行国君的命令不能有二心，这是自古以来的制度。替国君除恶，看各人能力如何。蒲人、狄人，对我来说算什么呢？现在您即位回国做国君，也会同我一样心目中没有蒲、狄吧？从前齐桓公不计较射钩的仇恨，让管仲担任国相，您如果不像齐桓公那样大度，那我会走开，何必劳您下令呢？如果您念旧恶，走的人会很多，岂止我一个？"晋文公听了，立刻召见寺人披，他便将吕甥、郤芮的谋划报告给晋文公。

这年三月，晋文公和秦穆公在王城秘密会见。三月己丑，晋文公的宫里起了大火。吕甥、郤芮没有捉到文公，就奔到黄河边上，秦穆公诱杀了他们。晋文公迎接夫人嬴氏回晋国。秦穆公为了护送文公返国派了三千人，都是干练而得力的卒仆。

【原文】

初，晋侯之竖头须，守藏者也①。其出也②，窃藏以逃，尽用以求纳之③。及入，求见。公辞焉以沐④。谓仆人曰："沐则心覆，心覆则图反⑤，宜吾不得见也。居者为社稷之守⑥，行者为羁绁之仆⑦，其亦可也，何必罪居者？国君而雠匹夫，惧者甚众矣。"仆人以告，公遽见之⑧。

狄人归季隗于晋，而请其二子。文公妻赵衰⑨，生原同、屏括、楼婴。赵姬⑩请逆盾与其母⑪，子余辞⑫。姬曰："得宠而忘旧，何以使人？必逆之！"固请⑬，许之。来，以盾为才，固请于公，以为嫡子，而使其三子下之；以叔隗为内子⑭，而己下之。

①竖(shù)：未成年的仆人，小臣。守藏：保守库藏。　②其出也：重耳逃亡出国时。　③纳：求纳文公回国。　④公辞焉以沐：文公以洗头为由，推辞不见竖头须。　⑤沐则心覆：洗头时头颠倒过来心也随之颠倒，所以说心覆。图反：考虑问题适得其反。　⑥居者：指留在国内的人，头须自指。　⑦行者：指跟从重耳逃亡的人。　⑧遽(jù)：立即。　⑨妻：把女儿嫁给（赵衰）。　⑩赵姬：晋文公的女儿、赵衰的妻子。　⑪逆：迎。盾：赵盾。其母：叔隗，赵衰跟着重耳在狄逃亡时赵衰的妻子。　⑫子余：赵衰的字。　⑬固：坚持。　⑭内子：正妻。

【今译】

当初，晋文公身边有个小吏名叫头须，是替文公看守库藏的。晋文公出奔时，头须窃了库藏里的财物逃跑了。晋文公要回国时，头须又把库中财货全部花掉以谋求让文公回国。现在晋文公回到了晋国，头须请求面见，晋文公借口正在洗头，推辞不见。头须对晋文公的仆人说："洗头的时候心就倒过来了，心倒了考虑问题就与平常相反，难怪我不能被接见了。留在国中的人是替主公守卫国家的，随从出亡的人是替主公奔走服役的，这两种人的行动都是对的，为何一定认为留在国中的人就是有罪的呢？国君如果仇视普通人，害怕的人恐怕就太多了。"仆人将头须的话回报给文公，晋文公立即召见了头须。

狄人听到晋文公即位，便将季隗送到晋国，而请求文公将两个儿子留在狄。晋文公把女儿嫁给赵衰，先后生下赵同、赵括、赵婴齐三个孩子。赵姬请求丈夫赵衰将叔隗和赵盾母子二人接回来，赵衰不肯。赵姬说："执政的人如果喜新厌旧，凭什么差遣别人呢？一定要将他们接回来！"赵姬坚决请求，赵衰才答应。叔隗和赵盾来到晋国以后，赵姬见赵盾很有才能，就再三请求晋侯将赵盾立为赵衰的嫡子，让她自己生的三个儿子居于赵盾之下。又让叔隗做赵衰的正夫人，而自己居于叔隗之下。

【原文】

晋侯赏从亡者，介之推不言禄①，禄亦弗及。推曰："献公之子九人，唯君在矣。惠、怀无亲，外内弃之。天未绝晋，必将有主。主晋祀者，非君而谁？天实置之，而二三子以为己力，不亦诬乎？

窃人之财，犹谓之盗，况贪天之功以为己力乎？下义其罪，上赏其奸；上下相蒙，难与处矣。"其母曰："盍亦求之②？以死，谁怼③？"对曰："尤而效之④，罪又甚焉。且出怨言，不食其食。"其母曰："亦使知之，若何？"对曰："言，身之文也。身将隐，焉用文之？是求显也。"其母曰："能如是乎？与女偕隐。"遂隐而死。晋侯求之不获。以绵上⑤为之田，曰："以志吾过，且旌善人⑥。"

注解

①介之推：跟从重耳逃亡的小臣。介：晋文公将其隐逸之地封为介山，所以《大戴礼记》中又称之为"介山之推"。之：古人名多用之作助词，如宫之奇、舟之侨等。　②盍：何不。　③怼（duì音对）：怨恨。　④尤：过失，这里作动词用，有谴责之意。　⑤绵上：晋地名，在今山西省介休县南。为之田，作为介之推的祭田。　⑥旌：表扬。

【今译】

　　晋文公赏赐跟他流亡的人，只有介之推不提禄位，文公也没有赏赐他。介之推说："当初晋献公的九个儿子，现在只有主公一人在世了！惠公、怀公做国君时众叛亲离，国内外的人都厌弃他们。上天不灭绝晋国，必定会有贤君。主持晋国祭祀的人，不是重耳还是谁呢？是上天要立他为晋君，但那些跟从流亡的人，却认为是自己的力量，这不是骗人吗？偷别人的钱财，尚且还叫作盗；何况贪取天功作为自己的力量呢？下面的人把罪过当成合理，上面的人奖赏了他们的错误行为，上下相互蒙骗，简直难跟他们共处了。"介之推的母亲说："何不也向晋侯求赏，就这样死去，怨谁呢？"介之推答道："明知错误还效法，罪过就更大了。而且我已口出怨言了，不能再接受那样的俸禄。"介之推的母亲说："也应该让大家知道，怎样？"介之推答道："言语，是身体的文饰。身将要退隐，为什么还借用言辞文饰自己呢？这正是追求显露。"介之推母亲说："你能这样吗？我跟你一同隐居吧。"于是他们就一直隐居到死。晋文公寻找介之推但没找到，就把绵上的田地作为介之推的祭田，他说："用这个来记载我的过错，并且表扬好人。"

【释义】

寺人披是大过之人，头须是有功有过之人，介之推是大功之人。晋文公爱贤改过的特点，在这三个人身上表现得淋漓尽致。

寺人披"为惠公来求杀余"，是晋文公不共戴天的仇人，"夫祛犹在"可见是刻骨铭心。"女其行乎"，晋文公没有杀他，只是打发他走人，已经大度之至了。在听了寺人披"齐桓公置射钩，而使管仲相"的对比之后，幡然醒悟。"公见之，以难告"，昔日仇人成为今日恩人。

头须是替文公看守库藏的，当晋文公出奔的时候，头须窃取了库藏里的财物逃跑了，当晋文公要回国的时候，头须又把库中财货全部花掉来求国人接纳文公返国。是个争议性的人物，于是"公辞焉以沐"。在听了仆人转达头须"沐则心覆，心覆则图反，宜吾不得见也"的感叹后，"公遽见之"。

介之推是随从晋文公流亡国外的功臣。杜预的《春秋左氏传集解》引用《韩诗外传》等材料说，重耳一路辛苦流离，饿得奄奄一息时，随行的介之推毅然割下自己大腿上的肉，煮熟了给重耳吃，救了他一命。内乱平定后，重耳回国，荣登君主的宝座，成为晋公后大行封赏功臣，却偏偏忘了救命恩人介之推。介之推"不言禄，禄亦弗及"。和老母隐居绵上深山，"遂隐而死"。晋侯深感愧疚，"以上绵为之田"，"以志吾过，且旌善人。"

《吕氏春秋》等书记载，晋文公为了见介之推而放火烧山，介之推和母亲合抱一棵大树，就这样被烧死在山上。烧山的那一天正是清明节的前一天，为了悼念介之推，从此人们便定每年清明前一天为寒食，"寒食"是断火冷食的意思。这一天举国都不许生火，只能吃冷食。这就是寒食节的来历。介之推被烧死后，文公很悲伤，他砍下那棵大树，制成木屐穿上。叹息着说："悲乎，足下！"据说这又成了"足下"这一典故的出处。

这三个人不仅从不同的角度表现晋文公求贤改过，而且表述了不同的角度的君臣关系：

寺人披认为"君命无二，古之制也，除君之恶，唯力是视"。不论谁是君主，都要忠心耿耿。

头须认为"居者为社稷之守，行者为羁绁之仆"。手心手背都是肉，不能厚此薄彼。

介之推认为："天实置之，而二三子以为己力，不亦诬乎？窃人之财，犹谓之盗，况贪天之功以为己力乎？"成事在天，功臣不应该邀功求赏。他的这一不居功自傲的思想，被后世奉为隐士清高淡泊的准则。

晋楚城濮之战

鲁僖公二十八年（公元前632年）

【《左传》原文】

夏，四月戊辰，晋侯、宋公、齐国归父、崔夭、秦小子憗①次于城濮②。楚师背酅而舍③，晋侯患之。听舆人之诵曰④："原田每每⑤，舍其旧而新是谋⑥。"公疑焉。子犯曰："战也！战而捷，必得诸侯，若其不捷，表里山河⑦，必无害也。"公曰："若楚惠何？"栾贞子曰："汉阳诸姬⑧，楚实尽之。思小惠而忘大耻，不如战也。"晋侯梦与楚子搏⑨，楚子伏己而盬其脑⑩，是以惧。子犯曰："吉。我得天，楚伏其罪⑪，吾且柔之矣⑫！"

子玉使鬪勃请战⑬，曰："请与君之士戏⑭，君冯轼而观之，得臣与寓目焉⑮。"晋侯使栾枝对曰："寡君闻命矣。楚君之惠，未之敢忘，是以在此。为大夫退，其敢当君乎！既不获命矣，敢烦大夫，谓二三子⑯：'戒尔车乘⑰，敬尔君事，诘朝将见⑱。'"

注解

①晋侯：指晋文公重耳。宋公：宋成公，襄公之子。国归父、崔夭：均为齐国大夫。秦小子憖（yìn）：秦穆公之子。　②城濮：卫国地名，在今河南陈留。　③背：背靠着。鄑（xī）：城濮附近一个险要的丘陵地带。　④诵：不配乐曲的歌曲。⑤原田：平原上的农田。每每：青草茂盛的样子。　⑥舍其旧：除掉旧草的根。新是谋：宾语前置，谋新，指开辟新田耕种。前一年耕作的土地，这一年不再使用。　⑦表：外。里：内。山：指太行山，河：黄河。此句指晋国地势优越。　⑧汉阳：汉水北面。汉阳诸姬：汉水东北姬姓诸国。　⑨搏：格斗。⑩伏己：伏在晋文公身上。盬（gǔ）：咀嚼。　⑪得天：仰卧，面朝天，意思是得到天助。伏其罪：俯卧，面朝地像认罪。　⑫柔之：软化他，使他驯服。　⑬鬪（dòu）勃：楚国大夫。⑭戏：较量。　⑮冯：通"凭"。得臣：子玉的字。寓目：观看。　⑯大夫：指鬪勃。二三子：指楚军将领子玉、子西等人。　⑰戒：准备好。　⑱诘朝：明天早上。

【今译】

夏天四月戊辰，晋文公、宋成公、齐国大夫国归父、崔夭、秦国公子小子憖带兵进驻城濮。楚军背对名叫鄑的丘陵扎营，晋文公很忧虑。他听到士兵们唱："原野上青草多茂盛，除掉旧根播新种。"晋文公心中疑虑。子犯说："打吧！打了胜仗，一定会得到诸侯的尊重。如果打不胜，晋国外有黄河，内有太行，也必定不会受什么损害。"晋文公说："楚国从前对我们的恩惠怎么办呢？"栾枝说："汉水北面那些姬姓的诸侯国，全被楚国吞并了。想着过去的小恩小惠而忘记大辱，不如出战。"晋文公夜里梦见同楚成王格斗，楚成王趴在他身上吸他的脑汁，因此晋文公很害怕。子犯说："这是吉兆。我们得到天助，楚王面向地伏罪，我们将会柔服楚国。"

楚将子玉派鬬勃来挑战，说："我请求同您的士兵们较量一番，您可以扶着车前的横木观看，我子玉也奉陪观看。"晋文公让栾枝回答说："我们的国君领教了。楚王的恩惠我们不敢忘记，所以才退到这里。我们以为大夫您会领兵后退，（您身为大夫）怎敢和君主对抗呢？既然得不到贵国退兵的命令，那就劳您转告楚国将领：'备好你们的战车，忠于你们的国事，明天早晨战场见。'"

【《左传》原文】

晋车七百乘，鞶、靷、鞅、靽①。晋侯登有莘之墟以观师②，曰："少长有礼，其可用也。"遂伐其木，以益其兵③。

己巳，晋师陈于莘北④，胥臣以下军之佐当陈、蔡⑤。子玉以若敖之六卒将中军⑥，曰："今日必无晋矣！"子西将左⑦，子上将右⑧。胥臣蒙马以虎皮，先犯陈、蔡。陈、蔡奔，楚右师溃。狐毛设二旆而退之⑨。栾枝使舆曳柴而伪遁⑩，楚师驰之，原轸、郤溱以中军公族横击之⑪。狐毛、狐偃以上军夹攻子西，楚左师溃。楚师败绩。子玉收其卒而止，故不败⑫。

注解

①鞗（xiǎn）：马腹下的皮件。靷（yīn）：引马前行的皮带。鞅（yāng）：驾车时套在马颈上用的负轭的皮带。靽（bàn）：套在马后部的皮带，一说为拴马脚的绳子。这些表示晋军马装备之齐全。　②有莘（shēn）：古代国名，在今山东省曹县西北。虚，同"墟"，旧城废址。　③兵：兵器。　④莘北：即城濮。　⑤陈、蔡：陈、蔡两国军队属于楚军右师。　⑥中军：楚军分为左、中、右三军，中军是最高统帅。　⑦子西：楚国左军统帅鬬宜申的字。　⑧子上：楚国右军统帅鬬勃的字。　⑨旆（pèi）：旗帜的通称。　⑩舆曳柴：战车后面拖着树枝。　⑪中军公族：中军中由晋国公室子弟组成的部队。横：拦腰。　⑫子玉中军没有战败，但左师、右师都战败，所以说是败绩。

【今译】

晋军有七百辆战车，车马装备齐全。晋文公登上古莘旧城的遗址检阅了军容，说："少年和长者都很有礼貌，他们可以用来作战了。"于是晋军砍伐当地树木，以补充他们的兵器。

己巳那日，晋军在莘北列阵。胥臣作为下军的副将抵挡陈国、蔡国的军队。子玉用若敖氏的六百兵士作为中军，说："今天必定消灭晋国！"子西统率楚国左军，子上统率楚国右军。晋将胥臣用虎皮把战马蒙上，首先攻击陈、蔡联军。陈、蔡联军逃奔，楚国的右军溃败了。晋国上军主将狐毛树起两面大旗假装撤退，晋国下军主将栾枝让战车拖着树枝假装逃跑，楚军受骗追击，原轸和郤溱率领晋军中军的公族部队向楚军拦腰冲杀。狐毛和狐偃指挥上军从两边夹击子西，楚国的左军也溃败了。楚军大败。子玉及早收兵，所以他的中军没有溃败。

晋师三日馆①、谷②，及癸酉而还。甲午，至于衡雍③，作王宫于践土④。

乡役之三月⑤，郑伯如楚致其师⑥。为楚师既败而惧，使子人九行成于晋⑦。晋栾枝入盟郑伯。五月丙午，晋侯及郑伯盟于衡雍⑧。

丁未，献楚俘于王⑨，驷介百乘、徒兵千⑩。郑伯傅王，用平礼也⑪。己酉，王享醴，命晋侯宥⑫。王命尹氏及王子虎、内史叔兴父策命晋侯为侯伯⑬，赐之大辂之服、戎辂之服⑭，彤弓一，彤矢百，玈弓矢千⑮，秬鬯一卣，虎贲三百人⑯。曰："王谓叔父⑰：'敬服王命，以绥四国，纠逖王慝⑱。'"晋侯三辞，从命，曰："重耳敢再拜稽首，奉扬天子之丕显休命⑲。"受策以出。出入三觐⑳。

晋侯三辞，从命，曰："重耳敢再拜稽首，奉扬天子之丕显休命。"受策以出。出入三觐。

注 解

①馆：驻扎，这里指住在楚国军营。   ②谷：吃粮食，指吃楚军所积的军粮。   ③衡雍：郑国地名，在今河南原阳西。   ④杜预注说：周襄王听说晋国战胜，前往犒劳，晋国于是建造王宫。践土：郑国地名，在今河南原阳西南。   ⑤三月有两种意思：如果是指三个月，那么因城濮之役发生在四月，那就是指一月或二月；或者就指四月前面的三月。   ⑥郑伯：郑文公。致其师：将郑国军队交给楚军指挥。   ⑦子人九：郑国大夫，姓子人，名九。行成：休战讲和。⑧衡雍：见注③。   ⑨王：指周襄王。   ⑩驷介：四马披甲。徒兵：步兵。   ⑪傅王：做周襄王助手，主持礼节仪式。用平礼：就好像郑武公当年辅佐周平王招待晋文侯的礼节一样。   ⑫宥：同"侑"，劝酒。命宥：表示亲近。   ⑬尹氏、王子虎：周王室的执政大臣。内史：掌管爵禄策命的官。策命：用策书任命。侯伯：诸侯之长。⑭大辂（lù）之服：与天子之车相配套的服饰仪仗。戎辂之服：乘战车时的服饰仪仗。   ⑮旅（lú）：黑色。因为"矢千"，可以推知应当是十把。   ⑯秬（jù）鬯（chàng）：用黑黍米酿成的香酒。卣（yǒu）：盛酒的器具。虎贲（bēn）：贲、奔相通，战士像奔虎一样勇猛，故以虎贲借代勇士。   ⑰叔父：天子对同姓诸侯的称呼，这里指晋文公重耳。   ⑱绥（suí）：安抚。四国：四方。纠：检举。逖（tì）：惩治。慝（tè）：恶人。纠逖王慝：检举于王有害者。   ⑲丕：大。显：明。休：美。   ⑳出入：来回。三觐（jìn）：进见了三次。

【今译】

晋军在楚营住了三天，吃楚军的军粮，到癸酉才回国。甲午，晋军到达衡雍，在践土为周襄王造了一座行宫。

在城濮之战前的三个月，郑文公曾到楚国去把郑国军队交给楚国，郑文公因为楚军打了败仗而害怕，便派子人九去向晋国求和。晋国的栾枝去郑国与郑文公议盟。五月丙午，晋文公和郑文公在衡雍订立了盟约。

五月丁未，晋文公把楚国的俘虏献给周襄王，一百辆有四马披甲的兵车，一千个步兵。郑文公帮助周襄王主持典礼仪式，用从前周平王接待晋文侯的礼节来接待晋文公。五月己酉，周襄王用甜酒款待晋文公，并劝晋文公进酒。周襄王命令尹氏、王子虎和内史叔兴父用策书任命晋文公为诸侯首领，赏赐给他与天子之车相配套的服饰仪仗，以及乘战车时的服饰仪仗，一把红色的弓，一百支红色的箭，十把黑色的弓，一千支黑色的箭，一卣黑黍米酿造的香酒，三百个勇士，并说："周王对叔父说：'恭敬地服从周王的命令，安定四方诸侯，检举对周王有害的人。'"晋文公辞让了三次，才接受了王命，说："重耳两次拜叩首，接受并发扬周天子的赏赐与策命。"晋文公接受策书后离开，前后三次朝见了周襄王。

【《左传》原文】

卫侯闻楚师败，惧，出奔楚，遂适陈①。使元咺奉叔武以受盟②。癸亥，王子虎盟诸侯于王庭，要言曰③："皆奖王室④，无相害也。有渝此盟⑤，明神殛之⑥，俾队其师⑦，无克祚国⑧，及而玄孙，无有老幼。"君子谓是盟也信，谓晋于是役也，能以德攻。

初，楚子玉自为琼弁玉缨⑨，未之服也。先战，梦河神谓己曰："畀余⑩，余赐女孟诸之麋⑪。"弗致也。大心与子西使荣黄谏⑫，弗听。荣季曰："死而利国，犹或为之，况琼玉乎！是粪土也，而可以济师，将何爱焉？"弗听。出，告二子曰⑬："非神败令尹，令尹其不勤民，实自败也。"既败，王使谓之曰："大夫若入，其若申、息之老何⑭？"子西、孙伯⑮曰："得臣将死，二臣止之，曰：'君其将以为戮。'"及连谷而死⑯。

晋侯闻之而后喜可知也。曰："莫余毒也已⑰！蒍吕臣实为令尹⑱，奉己而已，不在民矣⑲。"

注 解

①《史记·卫世家》记载：晋文公重耳讨伐卫国，将卫国土地分给宋国，以惩罚卫国在重耳逃亡时的无礼举和后来坐看宋国被楚国攻打之举。卫成公于是出逃到陈国。　②元咺（xuǎn）：卫国大夫。奉：拥戴。叔武：卫成公的弟弟。　③要（yāo）言：约言，立下誓言。④奖：帮助。　⑤渝（yú）：违背。　⑥殛（jí）：诛杀。⑦俾（bǐ）：使。队：同"坠"，灭亡。　⑧克：能。祚（zuò）：享有。⑨琼弁（biàn）：马冠，在马鬃毛前，因为是用琼玉镶饰的马冠，所以称为琼弁。缨：马鞅，马颈上的革，因镶以玉饰，所以称为玉缨。⑩畀（bì）：送给。　⑪孟诸：宋国地名，在今河南商丘东北。麋同"湄"，水边草地。孟诸之麋：指宋国的土地。　⑫大心：孙伯，子玉的儿子。子西：子玉的族人。荣黄：荣季，楚国大夫。　⑬二

子：大心与子西。　⑭大夫：子玉。入：归国。子玉率领申、息的子弟出国作战，这句表示,如何向申地、息地的父老交代？　⑮孙伯：即大心。　⑯连谷：楚国地名。子玉到连谷，未得赦令,于是自杀。⑰毒；危害。莫余毒：莫毒余，没有人危害我了，句式为宾语前置。⑱蒍吕臣：楚国大夫，在子玉之后任楚国令尹。　⑲奉己：奉养自己。不在民：不为民事着想。

【今译】

卫成公听到楚军战败很害怕，逃到楚国，又逃到陈国。卫国派元咺辅佐叔武摄政，并接受晋国与诸侯的盟约。五月癸亥，王子虎和诸侯在周王的朝廷上订立了盟约，并立誓："各位诸侯都要扶助王室，不能互相残害。如果有人违背盟誓，圣明的神灵会诛杀他，使他的军队覆灭，不能再享有国家，直到他的子孙后代，不论年长年幼，都会被诛杀。"君子认为这个盟约是诚信的，说晋国在这次战役中是用道德来进攻得到大家的拥护。

当初，楚国的子玉自己做了镶有琼玉的马冠和饰有玉石的马鞅，还没有使用。交战之前，梦见河神对自己说："给我！我赏赐给你宋国孟诸的水边草地。"子玉不肯。子玉的儿子大心和子玉的族人子西让荣黄去劝，子玉不听。荣黄说："如果死能对国家有利，也要去死，何况是美玉！它们不过是粪土。如果可以用来帮助军队得胜，有什么可以吝惜的？"子玉还是不听。荣黄出来告诉大心和子西说："不是河神要让令尹战败，而是令尹不肯为民众尽力，实在是自求败果。"楚军战败后，楚王派人对子玉说："如果你回楚国来，怎么对申、息两地的父老们交代？"子西和大心对使臣说："子玉本来想自杀，我们俩拦住他说：'国君还要惩罚你呢。'"子玉到了连谷就自杀了。

晋文公听到子玉自杀的消息，喜形于色地说："今后没有人危害我了！楚国的蒍吕臣当令尹，只知道保全自己，不会为老百姓着想。"

鲁僖公二十八年（公元前632年）

【《春秋》原文】

夏四月己巳，晋侯、齐师、宋师、秦师及楚人战于城濮，楚师败绩。

楚杀其大夫得臣。

五月，癸丑，公会晋侯、齐侯、宋公、蔡侯、郑伯、卫子、莒子，盟于践土。陈侯如会。

公朝于王所。

冬，公会晋侯、齐侯、宋公、蔡侯、郑伯、陈子、莒子、邾娄子、秦人于温。

天王狩于河阳。

【《公羊传》原文】

此大战也，曷为使微者？子玉得臣也。子玉得臣则其称人何？贬。曷为贬？大夫不敌君也。

其言如会何？后会也。

曷为不言公如京师？天子在是也。天子在是，则曷为不言天子在是？不与致天子也。

狩不书，此何以书？不与再致天子也。鲁子曰："温近而践土远也。"

【《春秋》今译】

夏四月己巳日，晋文公、齐国军队、宋国军队、秦国军队与楚国人在城濮交战，楚军溃败。

楚国杀了他的大夫得臣（即子玉）。

五月癸丑日，鲁僖公会见晋文公、齐昭公、宋成公、蔡庄公、郑文公、卫君叔武、莒国国君，在践土结盟。陈缪公前来赴会。

鲁僖公到周天子所在的地方朝觐。

冬天，僖公在温城会见晋文公、齐昭公、宋成公、蔡庄公、郑文公、陈共公、莒国国君和邾娄文公、秦国人。

周襄王在河阳狩猎。

【《公羊传》今译】

这是大规模的战争，为什么派低微的人？是子玉得臣。是子玉得臣，那么为什么称人？是贬斥。为什么贬斥？大夫和国君是不能对等的。

说前来赴会是什么意思？是后到会。

为什么不说鲁僖公前往京师？是天子在河阳。那么为什么不说天子在河阳？是不赞许召致天子。

周天子狩猎从不写进《春秋》，此处为什么写？是不赞许再次召致周天子。鲁僖公说："温城比较近而践土比较远。"

【释义】

城濮之战之所以能得到周天子的青睐，是因为战争双方的华夷之别。晋国是黄河流域的中原姬姓诸侯，而楚国却是长江流域自封为王的僭越诸侯。除了两国政治身份高下有别外，楚国的政治势力不断扩张，时有北上觊觎之意，中原各国对此多有抵触，齐桓公的召陵之盟即是明证。因此，新的霸主有责任阻碍新兴国家的北上扩张，反过来，这种阻碍也有利于确立其霸主地位。城濮之战后，晋文公得以会盟诸侯并由此一举确立晋国在中原的霸主地位，一定程度上也仰赖于此战的胜利。因此，孔子对齐桓公和晋文公都存有相当的敬意，但两较之下，孔子对晋文公略有微词。他在《论语·宪问》中说："晋文公谲而不正，齐桓公正而不谲。"

因为齐桓公尊王攘夷，霸是放在王下，完全合法，绝无邪招，这是"正而不谲"。晋文公不同，他的尊王，让人觉得有点"挟天子以令诸侯"的味道。城濮之战后，晋文公把周天子召到河阳，举行践土之盟，借此大会诸侯。这种尊王的态度和齐桓公不同，孔子并不赞成。孔子曾说："以臣召君，不可以训。故书曰：'天王狩于河阳。'言其非地也，且明德也。"

此外"天王狩于河阳"一句简单的话已经暗含了孔子对这一史实的评论，这种写作手法叫作"春秋笔法"，在语词中暗喻褒贬，并千古流传，这就是后世学者所笃信的历史文字的力量。文字，此时已成为一种独立评论，超越意识形态，并左右后世的人们对当时历史的看法。这种划时代的深远影响力对某些史家来说有不可抗拒的诱惑力，比如司马迁。司马迁如此执著地不顾个人命运去完成《史记》，正因他从《春秋》中看到了史书的巨大的生命力。也因此，他将身为没落贵族的孔子提到诸侯的地位，并为之写下《孔子世家》。所以，司马迁对《春秋》的评价，其实也是他对自己的《史记》的要求："约其文辞而指博。故吴楚之君自称王，而春秋贬之曰'子'；践土之会实召周天子，而春秋讳之曰'天王狩于河阳'，推此类以绳当世。贬损之义，后有王者举而开之。春秋之义行，则天下乱臣贼子惧焉。"

省己纳人

秦穆公称霸西戎

　　"秦时明月汉时关"，这是中国文明的骄傲，而秦朝的功业正始自穆公。秦穆公在内政外交上都功绩卓著，而尤为后人所称道的就是他的反躬自省和用人不疑。殽之战败后，穆公引咎自责，言行一致，实在难能可贵。穆公用孟明，可以说是"疑人不用、用人不疑"的典范。

　　穆公深信不疑，孟明励精图治，连晋国大夫都深以为惧。果然，秦国最终成功攻打晋国，一雪前耻。

　　勇于承认错误，勇于承担责任，无疑是居上者应有的美德。曾子在《论语》中说"吾日三省吾身"，意思就是每天要自我反省，纠正错误。省己容人，无论古今，都是衡量一个领导人英明与否的重要标准。

烛之武退秦师

鲁僖公三十年（公元前630年）

【《左传》原文】

九月甲午，晋侯、秦伯围郑①，以其无礼于晋②，且贰于楚也③。晋军函陵④，秦军汜南⑤。

佚之狐⑥言于郑伯曰："国危矣！若使烛之武⑦见秦君，师必退。"公从之。辞曰："臣之壮也，犹不如人；今老矣，无能力也已。"公曰："吾不能早用子，今急而求子，是寡人之过也。然郑亡，子亦有不利焉！"许之。

注解

①晋侯：晋文公。秦伯：秦穆公。　②以：因为。其：指郑国。
无礼于晋：指晋文公重耳流亡经过郑国时，郑文公未以礼相待。
③贰：两属，同时亲附对立的双方。　④军：驻扎。函陵：郑国地
名，在今河南新郑北。　⑤氾南：郑国的氾水南面，在今河南中牟
县南。　⑥佚之狐：郑国大夫。　⑦烛之武：郑国大夫。烛，是
其采邑，在今新郑县西南。古人有以采邑为氏，名字中加"之"为语
助词，如舟之侨、宫之奇、介之推。但上文烛之武自述"臣之壮也，
犹不如人"，可以推想烛地是在烛之武退秦师后封给他的。

【今译】

　　鲁僖公三十年九月甲午，晋文公和秦穆公围攻郑国国都，因
为郑国曾对晋文公无礼，又同时亲附楚国和晋国。晋军驻扎在函陵，
秦军驻扎在氾水南面。

　　佚之狐对郑文公说："国家在危难中！如果派烛之武去见秦国
国君，敌军一定会撤退。"郑文公采纳了他的建议。但烛之武推辞说：
"臣壮年的时候都比不上别人，现在年纪大了，更做不了什么了。"
郑文公说："我没能尽早任用您，现在国家危急才来求您，这是我
的过错。但郑国灭亡了，对您也不利啊！"烛之武答应了。

【原文】

夜，缒而出^①。见秦伯，曰："秦晋围郑，郑既知其亡矣。若亡郑而有益于君，敢以烦执事^②。越国以鄙远^③，君知其难也；焉用亡郑以陪邻^④？邻之厚，君之薄也^⑤。若舍郑以为东道主^⑥，行李之往来^⑦，共其乏困^⑧，君亦无所害。且君尝为晋君赐矣^⑨，许君焦、瑕^⑩，朝济而夕设版焉^⑪，君之所知也。夫晋何厌之有？既东封郑^⑫，又欲肆其西封^⑬，不阙秦，将焉取之^⑭？阙秦以利晋，唯君图之。"秦伯说，与郑人盟，使杞子、逢孙、杨孙^⑮戍之，乃还。

子犯请击之。公说曰："不可。微夫人之力不及此^⑯。因人之力而敝之，不仁^⑰；失其所与，不知^⑱；以乱易整^⑲，不武。吾其还也。"亦去之。

注解

①缒（zhuì）：悬绳而下，指把烛之武从城墙上吊下去。出：指离开郑国都城。　②执事：负责之人，对对方的尊称。　③越国而鄙远：越过晋国，而以郑国为秦国的边邑。　④陪：增加。　⑤于邻国晋国有利，于秦有害。　⑥东道主：东方路上的主人，因郑国在秦国的东边。后世用这个词作"主人"的代称。　⑦行李：使者，外交官员。　⑧共：同"供"，供给。乏困：指资财粮食等物品不足。　⑨尝：曾经，赐：恩惠。晋君：指晋惠公。指秦穆公援助晋惠公返国一事。　⑩焦：晋国邑名，在今河南三门峡市附近。瑕：晋国邑名，在今山西省芮城县南。秦惠公受到秦国的军事援助时曾承诺割地以酬秦。　⑪济：渡河。版：筑土墙用的夹板。设版：指

建筑防御工事。晋惠公返国后随即建筑工事，不给秦国他自己承诺过的土地。　　⑫封郑：向郑国开拓疆土。　　⑬肆：放肆，此处意为极力扩张。　　⑭阙秦：损秦。焉：从哪里。　　⑮杞子、逢孙、杨孙：三人都是秦国大夫。戍：驻守。　　⑯微：如果不是。夫人：那个人，指秦穆公。　　⑰因人：依靠他人。敝：伤害。　　⑱所与：指友好国家，盟国。知：同"智"。　　⑲乱：分裂。易：代替。整：团结一致。

【今译】

夜里，烛之武悬绳而下出了郑国国都，面见秦穆公说："秦国、晋国包围郑国国都，郑国已经知道要灭亡了。如果郑国灭亡了能对您有利，那么还可以拿这件事麻烦您。可是越过一个国家而把遥远的郑国作为边邑，您也知道这很难，哪里用得着灭亡郑国来增加邻国的领土呢？邻国的领土扩张了，您的领土就削减了。如果赦免郑国，让我们继续做东路上的主人，贵国使臣来来往往，我们可以供给他们一些短缺的物资，对您也无所伤害。而且，您曾经给过晋惠公恩惠。他答应过把焦邑、瑕邑给您作为酬谢，但他早上一过黄河，晚上就在那里修筑抵御工事，这事您是知道的。晋国哪有满足之时？它在东边以郑国为边疆，又要肆意扩大它西边的领土，如果不占领秦国的土地，它从哪里去取得土地呢？以

因人之力而敝之，不仁；失其所与，不知；以乱易整，不武。

损害秦国来有利于晋国，还请君王好好考虑。"秦穆公听了烛之武的话很高兴，就同郑国订下盟约，并派大夫杞子、逢孙和杨孙驻守郑国，自己领兵回国了。

晋国大夫狐偃请求追击秦军。晋文公说："不行。如果没有秦穆公的力量，我们不会有今天。依靠别人的力量却损害别人，这不仁义；失去了他们这个同盟国，这不明智；用分裂来代替团结一致，这是不武。我们还是回国吧。"于是晋军也离开了郑国。

【释义】

城濮之战后，晋文公成为霸主，文公联合秦国包围了郑国，强敌当前，郑国无力抗拒，唯有离间。烛之武之所以能"退秦师"，是因为他抓住了秦国想趁机获利的心思，说辞完全围绕着秦国的利益展开：战争中"越国以鄙远"，投入比晋国大；战后的结果是"邻之厚，君之薄也"；不战则"郑以为东道主"。并重提晋对秦"朝济而夕设版焉"的失信旧事，暗示竹篮打水一场空。最后特别指出"若不阙秦，将焉取之"，明示晋国的狼子野心。烛之武"晓之以理，动之以利"，离间了秦晋两国的关系，"秦伯说……乃还"。晋文公纵然心中恨恨，但也不能担负不仁的恶名："因人之力而敝之，不仁；失其所与，不知；以乱易整，不武。吾其还也。"

"春秋无义战"。春秋时期虽然非常重视出师有名，但更本质的特点是利益至上，最终都是弃名求利。这就造成了春秋时的结盟很不稳固，今友明敌，变化无常，犹如儿戏。秦穆公退师，就是生动的写照。他和晋结盟，联手对付郑国，是想扩大势力，可是，在剑拔弩张的关键时刻，当一听到烛之武的一番分析后，恍然大悟，此战不仅无利反赔，而且还有后患。于是不顾盟约，立刻改辙，不仅撤走了围郑的秦军，而且派兵保卫郑国，迫使晋国也不得不撤兵，确保本国利益。这既体现了他善听，也体现他善变。

烛之武的形象很丰满。"臣之壮也，犹不如人；今老矣，无能力也已。"关键时候终于发出了憋了半辈子的牢骚话，然后不顾年龄，临危受命，竟然不畏艰险"夜缒而出"，只身说服秦君，解除国难，表现了他机智善辩的外交才能。

"吾不能早用子，今急而求子，是寡人之过也。然郑亡，子亦有不利焉！"虽然只有一句话，但郑伯也给人留下深刻的印象。

《烛之武退秦师》短短一百二十来字，不仅故事情节有头有尾，层次井然，而且波澜迭起，曲折有致，每个人物形象都刻画得栩栩如生。

蹇叔哭师

鲁僖公三十二年（公元前628年）

【《左传》原文】

冬，晋文公卒。庚辰，将殡于曲沃①。出绛②，柩有声如牛。卜偃使大夫拜③，曰："君命大事④将：'有西师过轶我⑤，击之，必大捷焉。'"

杞子自郑使告于秦曰⑥："郑人使我掌其北门之管⑦，若潜师以来⑧，国可得也⑨。"穆公访诸蹇叔⑩。蹇叔曰："劳师以袭远，非所闻也。师劳力竭，远主备之⑪，无乃不可乎？师之所为，郑必知之。勤而无所⑫，必有悖心⑬。且行千里，其谁不知？"公辞焉。召孟明、西乞、白乙，使出师于东门之外⑭。

注解

①殡：停丧。曲沃：晋国旧都，晋国祖庙所在地，在今山西闻喜县。
②绛：晋国国都，在今山西翼城东南。　③卜偃：掌管晋国卜筮的官员，名偃。　④大事：指战争。古时战争和祭祀是大事。
⑤西师：西方的军队，指秦军。过轶（yì）：越过。秦军袭击郑国，一定会经过晋国的南部国土，秦国经过晋国土地却不借道，是无

礼之举。　　⑥杞子：烛之武退秦师后，秦国驻扎在郑国的大夫。
⑦掌：管理。管：钥匙。　　⑧潜：秘密地。　　⑨国：国都。
⑩访：询问，征求意见。蹇叔：秦国老臣，百里奚推荐给秦穆公的谋臣。
⑪远主：指郑君。　　⑫勤：劳苦。所：处所。无所：无用。　　⑬悖
(bèi)心：违逆之心。　　⑭孟明：秦国大夫，姓百里，名视，字孟明。
秦国元老百里奚之子。西乞：秦国大夫，名术，西乞或是姓，或是字。
白乙：秦国大夫，名丙，白乙或是姓，或是字。这三人都是秦国将军。

【今译】

　　冬天，晋文公去世了。十二月庚辰，准备在曲沃停棺。走出
国都绛城时，灵柩里发出了像牛叫般的声音。卜官偃让大夫们跪拜，
说："国君要发布大事：'将有西方的军队越过我国国土，如果攻击，
我们一定大获全胜。'"

　　秦国大夫杞子从郑国派人向秦国报告说："郑国人让我掌管他
们国都北门的钥匙，如果悄悄派兵前来，就可以拿下他们的国都。"
秦穆公征询秦国老臣蹇叔的意见。蹇叔说："让军队舟车劳顿地偷
袭远方的国家，我从没听说过。军队辛劳精疲力竭，远方国家的
君主又有防备，这样做恐怕不行吧？秦军的行动，郑国必定会知道。
军队辛勤劳苦而无用武之地，士兵一定会有违逆之心。再说行军
千里，有谁不知道呢？"秦穆公没有听从蹇叔的意见。他召见了
孟明视、西乞术和白乙丙三位将领，让他们从东门外面出兵。

劳师以袭远，非所闻也。师劳力竭，远
主备之，无乃不可乎？

蹇叔哭之，曰："孟子^①！吾见师之出而不见其入也！"公使谓之曰："尔何知^②，中寿，尔墓之木拱矣^③。"蹇叔之子与师，哭而送之，曰："晋人御师必于殽^④，殽有二陵焉^⑤。其南陵，夏后皋之墓也^⑥；其北陵，文王之所辟风雨也^⑦，必死是间，余收尔骨焉^⑧！"秦师遂东。

注解

①孟子：孟明。　②何知：宾语前置，知何，知道什么。　③中寿：中等寿命。拱：两手合抱。意指如果蹇叔在中等寿命时死去，墓上的树干已可两手合抱了，这是说蹇叔老而不死，昏悖不可用。　④殽：通"崤"，山名，在今河南洛宁西北。　⑤陵：山陵。崤山有两陵，南陵和北陵，相距三十五里，地势险要。　⑥夏后皋：夏代君主，名皋，夏桀的祖父。后：国君。　⑦辟：通"避"。　⑧尔骨：你的尸骨。焉：在那里。

【今译】

蹇叔哭送他们说："孟明啊，我看着军队出发，却看不见他们回来了！"秦穆公派人对蹇叔说："你知道什么？如果你在中等寿命就死了，你坟上种的树已经可以两手合抱了！"蹇叔的儿子也随军出战，他哭着送儿子说："晋国人必定在殽山攻击秦军，殽有两座山陵。南面的山头是夏王皋的坟墓，北面的山头周文王曾在那里避过风雨。你必定战死在这两座山陵之间，我到那里收你的尸骨吧！"秦国军队接着向东进发了。

【释义】

蹇叔哭师是崤之战的前奏曲。秦穆公在出兵时征求老臣蹇叔的意见，遭到蹇叔坚决反对，秦穆公不听，蹇叔哭着为秦军送行，并预言秦军必败。

"劳师以袭远，非所闻也"，"师劳力竭，远主备之"，"勤而无所，必有悖心"，"且行千里，其谁不知？"这都是战争常识，秦穆公不是不懂。但一封"郑人使我掌其北门之管，若潜师以来，国可得也"的信，就使他一意孤行，这完全是急欲扩张，利令智昏，最后只能自食恶果。对他的描写也很生动。"公辞焉"三个字，冰冷而断然，可见他的询问并不诚心。"尔何知，中寿，尔墓之木拱矣"，更是恼羞成怒，有失君仪。

蹇叔哭师，也是层层递进。先晓之以理，"无乃不可乎"，再动之以情，"孟子！吾见师之出而不见其入也！"最后绝望而哭："余收尔骨焉。"这个人物形象，具有老臣的忠诚、慈父的悲伤、智者的执著。劝谏见其深谋远虑，哭师见其忠愤满腔，是一个见识卓著、性情耿介的秦国老臣形象。

详写秦穆公拒谏、诅咒，是为了和战后他"孤违蹇叔"的深刻自省照应，属于先抑后扬的写法，是为了给秦穆公一个表现他省己纳人的机会。事实也是如此，人们对"尔何知，中寿，尔墓之木拱矣"这句话往往一笑了之，而对"吾不以一眚掩大德"却充满敬意。蹇叔哭师中，蹇叔是主要人物，但在整个事件过程中，他还是为表现秦穆公服务的。

这篇文章虽短，但结构上却充分体现了《左传》的叙事特色，情节曲折多变，叙述有条不紊。文章以秦国老臣蹇叔谏阻、哭师为线索，间以秦穆公拒谏、诅咒，使全文在结构上起伏有致、曲折多变。蹇叔的深忧大痛、秦穆公的刚愎自用，都如见其人，如闻其声。

此外，《左传》中多有神鬼之事：《公孙无知之乱》中齐襄公看到死去的彭生；《城濮之战》中晋文公梦见楚庄王吸其脑髓；《秦晋殽之战》开头写晋文公的棺柩中发出像牛叫的声音等，不胜枚举。因此，晋代范甯在《春秋穀梁传集解》序言中评价说："《左氏》艳而富，其失也巫。《穀梁》清而婉，其失也短。《公羊》辩而裁，其失也俗。"对于"其失也巫"，唐杨士勋疏曰："谓多叙鬼神之事，预言祸福之期，申生之托狐突，荀偃死不受含，伯有之厉，彭生之妖是也。"不仅范甯有如此批评，许多学者对于《左传》中鬼神祸福之事都有非议，汉代王充批评说"言多怪，颇与孔子不语怪力相违反"；唐代赵匡批评得很严厉，他说《左传》"浅于《公》《穀》，诬谬实繁"；清代学者韩菼批评其"好语神怪，易致失实"。《论语》里记载"子不语怪力乱神"，《左传》却对这些大谈特谈，所以也有学者质疑《春秋》和《左传》之间的经传关系。但《左传》

毕竟有叙事详备之功，即范甯所说的"《左传》艳而富"（文辞优美记事较多），因此后人还是将《左传》视为解经的作品，《左传》也由此跻身于"经史子集"中"经"的行列。

秦晋殽之战

【《左传》原文】

三十三年春，秦师过周北门①，左右免胄而下②，超乘者三百乘③。王孙满尚幼④，观之，言于王曰："秦师轻而无礼⑤，必败。轻则寡谋，无礼则脱⑥。入险而脱，又不能谋，能无败乎？"

及滑⑦，郑商人弦高将市于周⑧，遇之，以乘韦先，牛十二犒师⑨，曰："寡君闻吾子将步师出于敝邑⑩，敢犒从者⑪。不腆敝邑⑫，为从者之淹⑬，居则具一日之积⑭，行则备一夕之卫⑮。"且使遽告于郑⑯。

注解

①周北门：周都洛邑的北门。　②左右：战车左右的武士。免胄：摘下头盔，下车步行，以示对周王的尊重。　③超乘：一跃而登车。刚一下车就又跳上去，这是轻狂无礼的举动。　④王孙满：周襄王的孙子。　⑤轻而无礼：轻慢而没有礼貌。轻指"超乘"的行为，无礼指"免胄"的行为。按礼的规定，过天子之门除了免胄以外，还应卷甲束兵，收起武装。　⑥脱：粗略，随便。　⑦滑：姬姓小国，在今河南省滑县。　⑧市：做买卖。市于周：到周的都城做买卖。⑨乘（shèng）韦：四张牛皮。古代一辆兵车叫一乘，每乘四匹马驾车，所以乘代指四。韦，熟牛皮。先送去四张熟牛皮，随后送去十二头牛。古人送礼，先轻后重。　⑩步师：行军。出于敝邑：经过我国，郑商人弦高的自谦之词。　⑪从者：随从之人，这里指秦军，尊敬之说，敢不犒劳您的军队。　⑫腆：丰厚。　⑬淹：久。⑭具：准备。积：指每天食用的东西。　⑮卫：保卫。　⑯遽：传车，驿马。

【今译】

　　鲁僖公三十三年春天，秦军路经周王都城洛邑的北门，为了对周天子表示敬意，兵车上左右的士兵脱掉头盔下车步行，刚一下来，又跳上战车，这样过去的有三百辆。王孙满这时还年幼，看到了这一情形，对周襄王说："秦军轻狂又无礼，一定会失败。轻狂就会缺少谋略，无礼就会随随便便。进入险地还随随便便，又不能谋划，能不失败吗？"

　　秦军到了滑国，郑国商人弦高要到周都城去做生意，遇上了秦军。弦高知道了秦军的来意，先送上四张熟牛皮，随后又送去十二头牛，犒劳秦兵。他说："敝国国君听说你们行军要经过郑国，冒昧地用这一点东西来犒劳你们的军队。敝国虽不富裕，为了您的随从在此停留，就准备一天的给养，在你们离开时安排一夜的守卫。"弦高边应付秦军边派人驾驿车急速到郑国报信。

【原文】

郑穆公使视客馆①，则束载、厉兵、秣马矣②。使皇武子辞焉③，曰："吾子淹久于敝邑，唯是脯资、饩牵竭矣④，为吾子之将行也，郑之有原圃⑤，犹秦之有具囿也⑥，吾子取其麋鹿⑦，以闲敝邑⑧，若何？"杞子奔齐，逢孙、杨孙奔宋。

孟明曰："郑有备矣，不可冀也⑨。攻之不克，围之不继，吾其还也。"灭滑而还。

注解

①郑穆公：名兰。客馆：招待外宾的住所。　②束载：捆束行装。厉兵：磨砺兵器。秣马：喂饱战马。　③皇武子：郑大夫。辞：道歉，这里是用道歉暗示杞子等人离开。　④脯：干肉。资：粮。饩(xì)：鲜肉。牵：活着的牛羊等牲畜。竭：尽。　⑤原圃：郑国的猎苑名，在今河南中牟县西北。　⑥具囿：秦国的猎苑名，在今陕西华阴县。　⑦吾子：你们。闲：闲暇、休息。你们可随意到那里去打猎，让我国得以歇息，如何？　⑧不可冀矣：不能再存有侵占郑国的希望了。　⑨克：攻克，战胜。围：包围。继：后继之师，援军。

【今译】

郑穆公接到急信就派人到客馆察看，杞子等人已经捆束行李、磨砺武器、喂饱战马。郑穆公派郑国大夫皇武子去道歉并下逐客令，说："你们在敝国住了很久，因此我们的肉、粮和牲畜都用光了。听说你们就要走了，郑国有原圃，就像秦国有具囿一样，你们可随意到那里去打猎，让敝国得以歇息，如何？"杞子逃往齐国，逢孙、杨孙逃往宋国。

秦将孟明说："郑国已经有防备，偷袭不可指望了。攻它又不能胜，围它又无援军，我们还是回去吧。"于是秦军灭了滑国撤军。

【原文】

晋原轸①曰："秦违蹇叔，而以贪勤民，天奉我也②。奉不可失，敌不可纵。纵敌，患生③；违天，不祥。必伐秦师！"栾枝④曰："未报秦施，而伐其师，其为死君乎⑤？"先轸曰："秦不哀吾丧⑥，而伐吾同姓，秦则无礼，何施之为⑦？吾闻之：'一日纵敌，数世之患也。'谋及子孙，可谓死君乎⑧？"遂发命，遽兴姜戎⑨。子墨衰绖⑩，梁弘御戎⑪，莱驹为右⑫。

注解

①原轸：即先轸，晋大夫。因采邑在原，所以又称原轸。　②以贪勤民：因为贪心郑国以致使百姓劳苦。奉：振兴，亦可释为帮助。③纵敌，患生：放走了敌人会生出无穷的后患。不祥：不善，不吉。④栾枝：晋大夫。秦施：秦国的恩惠。指晋文公出亡时，由秦资助回国之事。伐其师：攻打秦国的军队。　⑤为：有。死君：指晋文公。　⑥哀吾丧：这时晋文公刚死不久，还未下葬。同姓：指滑国。滑、郑与晋都是姬姓国，所以这样说。　⑦何施之为：还有什么恩惠呢？　⑧可谓死君乎：能向先君交代了吗？　⑨遽：骤然。姜戎：晋国北境的部族。　⑩子：指晋文公之子晋襄公，因为文公还未下葬，所以称晋襄公为子。衰(cuī)：白色丧服。绖(dié)：穿孝服时绑于头部或腰部的麻布带。行军时穿孝服显得不吉利，于是把丧服染成黑色。　⑪梁弘：晋大夫。御戎：驾战车。　⑫莱驹：晋大夫，为右：为车右。

【今译】

晋国主将先轸说："秦穆公不听蹇叔的话，因为贪心郑国而使民众劳苦，这是上天要振兴晋国。天赐不可错过，敌人不能放纵。放纵敌人就会生出祸患，违背天意就会不吉祥。我们必须攻打秦军。"晋将栾枝说："我们还没有报答秦国的恩惠，却要攻打它的军队，难道是心中有先君晋文公的表现吗？"先轸说："秦国不哀悼我国的丧事反而进攻我们的同姓国，是秦国无礼，还谈什么恩施？我听说：'一天放纵敌人，是数代的祸患。为子孙后代打算，这样能向先君交代了吗？'"于是便发布命令，迅速调遣姜戎参战。晋襄公穿上染黑的丧服，梁弘给他驾兵车，莱驹给他做车右。

【原文】

夏，四月辛巳，败秦师于殽①，获百里孟明视、西乙术、白乙丙以归。遂墨以葬文公，晋于是始墨②。

文嬴请三帅③，曰："彼实构吾二君④，寡君若得而食之，不厌⑤，君何辱讨焉⑥？使归就戮于秦⑦，以逞寡君之志⑧，若何？"公许之。先轸朝，问秦囚。公曰："夫人请之，吾舍之矣⑨。"先轸怒曰："武夫力而拘诸原，妇人暂而免诸国⑩，堕军实而长寇雠⑪，亡无日矣！"不顾而唾⑫。

注解

①晋军在秦军西归路经殽山时截击。　②此句中两个墨皆为动词：穿黑色丧服。　③文嬴：晋文公的夫人，秦穆公在晋公子重耳流亡时配给他的五个女子之一，晋襄公的嫡母。请三帅：请求释放被俘的秦国三帅。　④构：结怨。二君：秦君和晋君。　⑤寡君：称秦穆公。不厌：不满足。　⑥君：您，指晋襄公。您何必委屈自己亲自处罚他们呢？　⑦戮：杀。此句意为：放他们回国被秦杀死。　⑧逞：快慰。　⑨舍：放了。　⑩力：拼尽全力。诸：兼词，之于。原：战场。暂：仓促之间。免：赦免。　⑪堕：同隳（huī），毁坏。军实：军队的战果。长：助长。冠雠：指秦。　⑫不顾而唾：不顾襄公在面前而在朝堂上吐唾沫，顾也可理解为回头，无论哪种理解，此处都极写先轸因爱国愤怒而失礼之状。

【今译】

鲁僖公三十三年夏季四月辛巳，晋军在殽山打败了秦军，俘获了百里孟明视、西乞术、白乙丙三员大将，胜利而归。晋襄公于是穿黑色丧服葬了晋文公。晋国从此开始改用黑色丧服。

晋襄公母亲文嬴请求襄公释放秦国三个统帅，她说："他们三个人挑拨离间了秦、晋两国君主的关系，秦君如能得到这三个人就是吃了他们也不会满足，何必麻烦您亲自去处罚他们呢？不如放他们回去让秦君去惩办，并能快慰秦君的心意，怎么样？"晋襄公答应了。先轸上朝，问起秦国的俘虏。晋襄公说："太夫人请求放三位将军回国，我已经把他们三个人放走了。"先轸很生气，说："武士们拼力在战场上捉到了他们，妇人家却轻易从国内把他们放走了。损失了战争果实还助长了敌人的势力，晋国离灭亡不远了。"先轸不顾礼貌，当着襄公的面在朝堂上吐痰。

【原文】

公使阳处父追之^①，及诸河^②，则在舟中矣。释左骖^③，以公命赠孟明。孟明稽首曰："君之惠，不以累臣衅鼓^④，使归就戮于秦，寡君之以为戮，死且不朽^⑤。若从君惠而免之^⑥，三年将拜君赐^⑦。"

秦伯素服郊次^⑧，乡师而哭曰^⑨："孤违蹇叔，以辱二三子，孤之罪也。"不替孟明^⑩，曰："孤之过也，大夫何罪？且吾不以一眚掩大德^⑪。"

注解

①阳处父：晋大夫，又称阳子。　②河：黄河。　③释：解开。左骖：古代一车配四马，在两旁的马称为骖，左旁的即左骖。公命：晋襄公的名义。阳处父假托晋襄公之命赠马。想骗孟明等回岸受马而擒获他们。　④累臣：被囚禁的臣子，孟明自称。衅鼓：本指杀牲口以血涂鼓，以祭礼祀新建成的重要器物，也有杀俘虏来祭祀的事例。此处以衅鼓借代杀戮，未必真祭鼓。　⑤死且不朽：身死且永垂不朽，这是当时的流行语。　⑥若从君惠而免之：我们的君王倘使尊重晋君的好意而同样赦免我。　⑦拜君赐：来拜谢晋君的恩赐，言外之意是将会来复仇。　⑧素服：穿着丧服。郊次：驻扎在郊外等待。⑨乡：同"向"，面对。　⑩替：废弃，撤去。　⑪不以一眚（shěng）掩大德：不因为有一个小错误便抹杀其大成就。眚，本指眼病，引申为毛病、过失。

【今译】

晋襄公派大夫阳处父追赶孟明他们，追到了黄河，孟明等人已经在船上了。阳处父解下车子左边的套马，假托晋襄公的名义赠给孟明。孟明叩头说："托晋君的恩惠，没有杀戮我们这些被俘之臣，让我们回去受秦国的制裁，我们国君如果将我们杀了，我就算身死也会永垂不朽。若托晋君的恩惠而得到赦免，我们三年之后将拜谢晋君的恩赐。"

秦穆公穿着白色的丧服驻扎在郊外居住等候，面对归来的将士他哭着说："我没有听蹇叔劝告而使诸位受了侮辱，这是我的罪过。"秦穆公并未撤换孟明，他说："这是我的过错，大夫们何罪之有？况且我不会因为一点小错误就抹杀你们的大功绩。"

【释义】

《左传》描述战争跌宕起伏，引人入胜，并在事件过程的主要矛盾冲突中，表现人物的性格。《秦晋崤之战》更加显示了这一特点，具体写战斗的只一句："夏，四月辛巳，败秦师于崤，获百里孟明视、西乙术、白乙丙以归。"如何"败秦师于崤"，如何"获百里孟明视、西乙术、白乙丙"，如何"以归"都忽略不写。着重描述的是战前、战后那些充满矛盾的情节，人物性格也在矛盾中更加鲜明：蹇叔劝谏哭师显远见，弦高迎敌犒师显忠心，文嬴放虎归山显善言，先轸不顾而唾显刚烈，阳处父显机智、秦穆公不掩大德显胸怀……

《左传》注重语言描写。本文语言描写侧重体现的是"意味深长"。弦高犒师："寡君闻吾子将步师出于敝邑，敢犒从者"暗示对方军机泄露，急中生智，善于应变。皇武子辞杞子："郑之有原圃，犹秦之有具囿也，吾子取其麋鹿，以闲敝邑，若何？"典型的外交辞令，既显出威严，又不失礼节，导致"杞子奔齐，逢孙、杨孙奔宋"。"若从君惠而免之，三年将拜君赐。"孟明于谦卑中藏杀机，表现出三年后将兴师报仇的决心。秦穆公自省："孤之过也，大夫何罪？且吾不以一眚掩大德"，在自责的同时，又表扬了自己，不失君主脸面。

本文构思精巧，比如结尾秦伯哭着迎接军队，与开头蹇叔哭着送军队出征遥相呼应，突出了他的自负和自省，令人掩卷长叹。

记叙战争胜负大都有预兆，比如王孙满的"能无败乎"，预示了战争的结局，缺少悬念。这也是《左传》的一个重要特点，注重分析战争的起因，多以礼制眼光来评价。秦师"超乘者三百乘"是"轻而无礼"，"不哀吾丧，而伐吾同姓，秦则无礼"，这些分析有一定道理，但也在一定程度上忽略了秦穆公此战失败的深层原因。

秦伯犹用孟明

鲁文公元年（公元前626年）

【《左传》原文】

殽之役，晋人既归秦帅①，秦大夫及左右皆言于秦伯曰："是败也，孟明之罪也，必杀之。"秦伯曰："是孤之罪也。周芮良夫之诗②曰：'大风有隧③，贪人败类④。听言则对⑤，诵言如醉⑥。匪用其良⑦，覆俾我悖⑧。'是贪故也，孤之谓矣。孤实贪以祸夫子，夫子何罪？"复使为政。

鲁文公二年（公元前625年）

【《左传》原文】

二年，春，秦孟明视率师伐晋，以报殽之役。二月，晋侯御之，先且居将中军，赵衰佐之。王官无地御戎⑨，狐鞫居⑩为右。甲子，及秦师战于彭衙⑪，秦师败绩。晋人谓秦"拜赐之师"。

秦伯犹用孟明。孟明增修国政，重施于民⑫。赵成子言于诸大夫曰⑬："秦师又至，将必辟之。惧而增德，不可当也。《诗》⑭曰：'毋念尔祖⑮，聿修厥德⑯。'孟明念之矣。念德不怠，其可敌乎？"

冬，晋先且居、宋公子成、陈辕选、郑公子归生伐秦，取汪，及彭衙而⑰还，以报彭衙之役。卿不书⑱，为穆公故，尊秦也，谓之崇德。

注解

①归：释放秦军主将。　②芮（ruì）：芮伯子，作《桑柔》以刺周厉王，见《诗经·大雅》。良夫：芮佰的名。　③隧：道路。　④类：善类。　⑤听言：顺心的言论，听到顺心的话就回答。　⑥诵言：正直的言论，听到正直的言论就昏昏如醉，不想听。　⑦匪：通"非"。　⑧覆：反。悖：惑乱。　⑨王官无地：人名。王官：今山西省闻喜县西。古人有以采邑为氏，如烛之武等。　⑩狐鞫（jū）居：即下文续简伯。续，可能是其采邑，简伯，可能是他的字。　⑪彭衙：陕西白水东北，今为彭衙堡。　⑫对于人民，多加照顾。　⑬赵成子：即赵衰。　⑭见《诗经·大雅·文王》。　⑮《诗经》

中是"无念尔祖"。无：发语词。　⑯聿：发语词；一说聿意为"述"。
厥：其。　⑰汪：秦地名，一说是今白水县，一说是今澄城县，但
两县为邻县，都属陕西省。　⑱晋先且居是晋国中军的主帅，公子
成等也都是各国之卿。但《春秋》中写"晋人、宋人、陈人、郑人"，
所以《左传》解释说"卿不书"。

【今译】

鲁文公元年，殽山的战役，晋国人释放秦国将帅之后，秦国
的大夫和左右侍臣都对秦穆公说："这次战败，是孟明的罪过，一
定要杀掉他。"秦穆公说："这是我的罪过。周朝芮良夫的诗说：'大
风吹来有它的来路，贪鄙的人是败类。听见顺心的话就对答，听
到正直的话就装醉。不用有才能的人，反而使我迷惑混乱。'这是
贪婪的缘故，说的就是我啊。我由于贪婪而使这些将领受祸，他
们有什么罪？"秦穆公重新让孟明执政。

鲁文公二年春天，秦国孟明率领军队攻打晋国，以报复殽之
战的失利。二月，晋襄公抵御秦军。先且居统率中军，赵衰担任
副将辅佐他。王官无地给先且居驾御战车，狐鞫居担任车右。甲
子，晋军和秦军在彭衙作战。秦军战败。晋国人讥讽说这是秦国"拜
谢恩赐的部队"。

秦穆公还是任用孟明。孟明更用心治理国家，给百姓优厚的
好处。赵衰对大夫们说："秦军如果再来，一定要避开它，由于畏

惧而进一步修明德行，那样的军队不可抵挡。《诗经》说：'怀念着你的祖先！修习你的道德。'孟明记着这两句诗了。记着道德还不懈怠，难道可以抵挡吗？"

这年冬天，晋国先且居、宋国公子成、陈国辕选、郑国公子归生攻打秦国，占取了汪地，到达了彭衙才回去，以报复上次彭衙的战役。《春秋》没有记载卿的名字，是为了秦穆公的缘故，尊重秦国，这叫做崇尚德行。

【释义】

秦穆公引咎自责，言行一致，难能可贵。穆公用孟明，可以说是"疑人不用、用人不疑"的典范。

"孤违蹇叔，以辱二三子，孤之罪也。不替孟明，孤之过也，大夫何罪？且吾不以一眚掩大德。"在上文中，能面对众人，说这番话，已经让人刮目相看。而本文力排众议，任用孟明的过程，更是让人肃然起敬。秦穆公先进一步深刻反省自己，找出根源："芮良夫之诗曰：'大风有隧，贪人败类。听言则对，诵言如醉。匪用其良，覆俾我悖。'是贪故也，孤之谓矣。"在反省的基础上"复使为政"。

"二年，春，秦孟明视率师伐晋，以报殽之役。"孟明被释放回国的时候，他和晋国大臣有一番对话："假使托君王的福而得到赦免，那么三年之后，我们将前来拜谢君王的恩德！"文公二年，正是孟明所说的三年之期，结果"秦师败绩。"还被晋人奚落为"拜赐之师"。但在这样的情况下，"秦伯犹用孟明"，气度之大，不是一般人可及。而孟明也"增修国政，重施于民"。这使晋国大夫赵衰产生了深深的危机感，他告诫诸大夫："秦军如果再来攻打我们，一定要躲开他。因为修明德行的人是不能抵抗的。"

穆公深信不疑，孟明励精图治，下文中将讲到文公三年，"秦伯伐晋，济河焚舟"，秦穆公从此称霸西戎，《左传》归因为"用孟明也"。

勇于承认错误，勇于承担责任，无疑是居上者应有的美德。《论语》中曾子曾说："吾日三省吾身"，意思就是每天要自我反省，纠正错误。省己容人，是无论古今中外衡量一个领导人英明与否的重要标准。汉武帝一世刚愎，晚年的《罪己诏》却使他多少得到后人的谅解。唐太宗对魏征的宽容，更是为人所津津乐道。

秦伐晋济河焚舟

鲁文公三年（公元前624年）

【《左传》原文】

秦伯伐晋，济河焚舟①，取王官，及郊②，晋人不出。遂自茅津济③，封殽尸④而还。遂霸西戎，用孟明也。

君子是以知秦穆之为君也，举人之周也⑤，与人之壹也；孟明之臣也，其不解也⑥，能惧思也；子桑之忠也⑦，其知人也，能举善也。《诗》⑧曰："于以采蘩⑨？于沼于沚⑩。于以用之，公侯之事⑪。"秦穆有焉。"夙夜匪解⑫，以事一人⑬"，孟明有焉。"诒厥孙谋⑭，以燕翼子⑮"，子桑有焉。

注 解

①焚舟：以表示士卒必死之心。　②王官：晋地名，今山西闻喜县西。郊：晋地名，在王官附近。　③茅津：渡口，今山西平陆县南，也有说是大阳渡。对岸是河南陕县，渡河往东，就到了殽山。　④封：标志殽出战中秦兵阵亡之地，并封其墓。　⑤周：遍，不偏颇，不因为属下的失败而否定他。　⑥解：通"懈"。　⑦子桑：公孙枝，杜预注说是举荐孟明视的人。《吕氏春秋》和《韩非子》中子桑推荐的是百里奚，而孟明是百里奚的儿子，所以以此处将孟明的成功归因于子桑。　⑧见《诗·召南·采蘩》。　⑨于以：于何，在哪里。蘩：白蒿，一名艾蒿，多年生草。　⑩沼：池，圆者称池，曲者称沼。沚：水中小洲。　⑪公侯之事：祭祀之事。　⑫见《诗·大雅·烝民》。夙：早。夙夜匪解：从早到晚不敢懈怠。　⑬一人：指君主，原诗中指周宣王，此处指秦穆公。　⑭见《诗·大雅·文王有声》。诒：遗。诒厥孙谋：倒装，诒谋厥孙，把谋略留给他的子孙。　⑮燕：安。翼：助。此处意为子桑能推荐百里奚父子来辅助秦穆公。

【今译】

秦穆公攻打晋国，渡过黄河烧掉船只，攻占了王官，抵达郊。晋军不出战，秦军就从茅津渡黄河，在殽山标志殽之战中阵亡的秦兵，并封闭他们的墓穴，然后回国。秦穆公于是称霸西戎，这是由于任用了孟明。

君子因此知道，秦穆公作为国君，他选拔人才考虑全面、任用人才专一无二；孟明作为臣下，努力不懈，能因畏惧而加深思考；子桑忠诚，他了解人，能够推举有才能的人。《诗经》说："在哪里采白蒿？在池塘里在小洲上。在哪里使用白蒿？在公侯的祭祀典礼上。"秦穆公有这个优点。"早晚勤勉不懈，来事奉一个人"，孟明有这个优点。"把谋略留给子孙，来安定和辅助后代"，子桑有这个优点。

【释义】

秦穆公在鲁僖公元年（公元前659年）即位，在位39年。他看到齐桓公、宋襄公的霸业，并帮助晋文公回国称霸，他自己也是一位霸主，但他的霸业如何建立，《左传》中一笔带过，只有一句简单的"遂霸西戎"，而没有更具体的细节了。有趣的是，《左传》又说"秦穆之不为盟主，宜哉！"指出他的霸业不成。那么他的霸业究竟成了没有？"霸西戎"是否就意味着秦穆公没有成为中原的霸主？

公元前七世纪的上半期，北方的晋国、西方的秦国，都因为内部的发展，成为强大的诸侯。晋献公死后，秦穆公先立晋惠公，再立晋文公，两次置立晋国君主，可见在中国西北部，秦国成为足以依靠的政治力量，俨然已经登上领导地位。公元前635年，秦晋伐郑，秦穆公准备护送周襄王回朝，但晋文公凭借雄厚的实力迎接周襄王，并将之送回王城，一跃成为诸侯之长。晋国后又因城濮一战，遏制了楚国的北进，奠定了晋国的霸权。看到晋人得到胜利的果实，秦穆公不能甘心，这才有了秦晋殽之战。之后，秦国虽然也与中原国结立为盟国，但因为东方的挫折，穆公将主要兵力放在西方。《史记·秦本纪》："三十七年（公元前623年）秦用由余谋，伐戎王，益国十二，开地千里，遂霸西戎。天子使召公过贺穆公以金鼓。"当秦穆公在西方连连取胜时，南方的楚国已然北进，攻下了秦国的同盟国江国。穆公对此只能说："同盟灭，虽不能救，敢不矜乎？"可见他的兵力在西方受到牵制，已经无力向东，自此以后，秦国的发展方向就已经不是中原，而是西戎了。这就意味着，楚国的北进势力没有了北方国家的遏制。秦穆公的称霸西戎一定程度上也成就了下文中楚庄王的霸业。

止戈为武

楚庄王以德服人

　　楚国在春秋早期就有北上图霸之意，齐桓公的召陵之盟即是明证。直至楚庄王时期，中原无霸主，他才得以"问鼎"中原。但王孙满却回答说"政权不在鼎，在德行"。

　　此后的楚庄王虽未放弃争霸，但在之后的政事中时时显出其容让和恻隐之心。庄王在帮助陈国平定内乱后，克服私心，使其独立；在攻打郑国和宋国的战争中，都及时议和，并不贪求敌国的土地和财富；邲之战最后，更是长篇谈论止戈为武、以德治国。这些都是王孙满所说的"德之休明"，也是身为蛮夷的楚王终于能登上霸主宝座的原因。

王孙满对楚王问鼎

鲁宣公三年（公元前606年）

【《左传》原文】

楚子伐陆浑之戎①，遂至于雒②，观兵于周疆③。定王使王孙满劳楚子④。楚子问鼎之大小轻重焉⑤。对曰："在德不在鼎。昔夏之方有德也，远方图物，贡金九牧⑥。铸鼎象物，百物而为之备，使民知神奸。故民入川泽、山林，不逢不若⑦。螭魅罔两⑧，莫能逢之。用能协于上下，以承天休⑨。桀有昏德，鼎迁于商，载祀六百⑩。商纣暴虐，鼎迁于周。德之休明⑪，虽小，重也。其奸回昏乱⑫，虽大，轻也。天祚明德，有所底止⑬。成王定鼎于郏鄏⑭，卜世三十，卜年七百，天所命也。周德虽衰，天命未改。鼎之轻重，未可问也。"

注解

①楚子：楚庄王。楚是子爵，但自称王。陆浑：今河南嵩县。戎：少数民族。　②雒：同"洛"，即洛水。　③观兵：检阅军队以炫耀武力。　④定王：周定王。王孙满：周大夫。劳：慰劳。⑤鼎：相传是夏禹所铸的九鼎。　⑥图物：描绘各地的奇异事物。九牧：古代中国分为九州，九牧就是九州的首领，此处指代天下。贡金九牧，即"九牧贡金"。　⑦不若：不顺，不利之物。　⑧螭（chī）魅（mèi）：山林的鬼怪。罔两：山川木石之精。　⑨用：因。休：福佑。　⑩载祀：记年。　⑪休明：美善光明。　⑫回：邪。⑬底（zhǐ）止：固定，此句意为上天赐福于明德之人，一定会固定下来，不会随意变化。　⑭成王：周成王。郏（jiá）鄏（rù）：东周的王城，今河南洛阳。

【今译】

楚庄王讨伐陆浑的少数民族，于是来到洛水，在周王室的境内检阅军队。周定王派王孙满慰劳楚庄王。楚庄王问起了九鼎的大小和轻重。王孙满回答说："大小、轻重在于德行而不在于鼎。以前夏代刚刚拥立有德之君的时候，远方的国家把物产画成图来进贡，天下都进贡金属，夏朝的有德之君将所画的事物铸在鼎上反映出来。鼎上各种事物都有，使百姓懂得哪些是神，哪些是邪恶的事物。所以百姓进入江河湖泊和深山老林，不会碰到于己不利的事物。山精水怪之类，就不会碰到。因此能使上下和谐，而承受上天的福祉。夏桀昏乱无德，九鼎迁到商朝，达六百多年。

商纣残暴，九鼎又迁到周朝。德行如果美善光明，九鼎虽小，也重得无法迁走。如果奸邪昏乱，九鼎再大，也轻得可以迁走。上天赐福明德之人，会将九鼎固定下来。周成王将九鼎固定安放在王城时，曾预卜周朝传国三十代，享年七百年，这个期限是上天所安排的。周朝的德行虽然衰退，天命还没有更改。九鼎的轻重，是不可以询问的。"

【释义】

周王封楚于荆（今湖北湖南一带），册封为子爵，所以称之为楚子。楚人在汉水南边，一直有北上之志，因此楚国的先祖暴霜露，斩荆棘，势力逐步膨胀。周王室为阻止楚国北扰中原，便设置汉阳姬姓的诸侯以防范楚国。

西周末年，王室衰微，楚国趁势而起。至东周初年，楚王熊通向周桓王要爵位，桓王不肯。熊通僭越自称为王，史称楚武王。楚武王、楚文王、楚成王都以若敖氏主政，蔿氏、屈氏为辅，横扫江汉诸姬，扩地千里。楚成王时，齐桓公称霸，诸侯归心。成王北上受挫，与诸侯盟于召陵（即召陵之盟）。桓公死后，齐国骤衰，宋襄公图霸，楚成王大败宋师于泓水。楚国一时横行中原。

公元前632年，晋文公率晋军救援宋国，与楚国对垒，子玉轻敌，在城濮之战中被先轸大败，晋文公在践土会盟，称霸中原。公元前626年，楚太子商臣害怕自己被废，弑楚成王而自立，这就是楚穆王。穆王不服晋国长期称霸，但又害怕晋国声威，便积极扩张以壮大楚国。晋襄公死后，赵盾执政，一家独大，晋国军政号令皆出于赵盾，其权势声威宛如晋侯。楚穆王虽然在江淮、汉阳横行无忌，但推进至中原，则受到赵盾的强势压制。虽有时夺取了部分盟国，却又很快得而复失。面对赵盾如日中天的诸侯联盟，楚穆王在位12年间的苦心经营都无法突破赵盾设置的郑、宋防线。

公元前614年，楚穆王逝世，嫡长子熊旅即位，这就是楚庄王。当时楚国内部正处于极不安定的状态之中，国内政治势力的互相争斗，再加上天灾，逼得楚国几陷崩溃。而楚庄王却躲在深宫中，整天打猎喝酒，不理政务，朝中之事交由楚国贵族代理，还在宫门口挂起块大牌子，上边写着："进谏者，杀毋赦！"

在韬光养晦的很长一段时间以后，楚庄王开始励精图治，振兴楚国。《韩非子》中"不鸣则已，一鸣惊人"的故事说的就是楚庄王。

所以楚庄王是凭借着几代楚王的武力扩张才登上了霸主的宝座，但在中原诸侯与周天子眼中，他仍然是窃位僭越的蛮夷之君。所以王孙满借题发挥，就鼎的轻重问题，讥讽楚庄王，说他如果只靠武力而不靠德行就无法真正服人，更不能达到统治天下的目的。王孙满在这里强调的就是儒家治国以礼、以德的思想。而楚庄王在邲之战最后所说的那番话，正呼应了此处王孙满的建议——楚庄王在加强兵力之外，更要关注"德之休明"。

申叔时说楚王复封陈

鲁宣公九年（公元前600年）

【《左传》原文】

陈灵公与孔宁、仪行父通于夏姬①，皆衷其衵服②，以戏于朝。泄冶谏曰："公卿宣淫，民无效焉，且闻不令③。君其纳之④！"公曰："吾能改矣。"公告二子。二子请杀之，公弗禁，遂杀泄冶。孔子曰："《诗》云：'民之多辟，无自立辟⑤。'其泄冶之谓乎！"

鲁宣公十年（公元前599年）

【《左传》原文】

陈灵公与孔宁、仪行父饮酒于夏氏。公谓行父曰："征舒似女⑥。"对曰："亦似君。"征舒病之。公出，自其厩射而杀之⑦。二子奔楚⑧。

鲁宣公十一年（公元前598年）

【《左传》原文】

冬，楚子为陈夏氏乱故，伐陈⑨。谓陈人："无动！将讨于少西氏⑩。"遂入陈，杀夏征舒，辕诸栗门⑪。因县陈⑫。陈侯在晋⑬。

申叔时使于齐⑭，反，复命而退。王使让之，曰："夏征舒为不道，弑其君，寡人以诸侯讨而戮之，诸侯、县公皆庆寡人，女独不庆寡人，何故？"对曰："犹可辞乎⑮？"王曰："可哉！"曰："夏征舒弑其君，其罪大矣；讨而戮之，君之义也。抑人亦有言曰：'牵牛以蹊人之田⑯，而夺之牛。'牵牛以蹊者，信有罪矣；而夺之牛，罚已重矣。诸侯之从（楚）也⑰，曰讨有罪也。今县陈，贪其富也。以讨召诸侯，而以贪归之，无乃不可乎？"王曰："善哉！吾未之闻也。反之，可乎？"对曰："吾侪小人所谓'取诸其怀而与之'也⑱。"乃复封陈。乡取一人焉以归，谓之夏州⑲。故书曰"楚子入陈。纳公孙宁、仪行父于陈"，书有礼也。

注解

①孔宁、仪行父：陈国的卿。夏姬：郑穆公之女，陈大夫夏御叔的妻子。　②衷：内衣，此处作动词，贴身地穿。袥（nì）服：内衣。　③闻：名声。令：善。　④纳：藏，此处泄冶建议陈灵公把夏姬的内衣收起来。⑤所引诗见《诗·大雅·板》。多辟：多邪恶之事。立辟：立法度。　⑥征舒：夏姬和夏御叔的儿子。女：通"汝"。　⑦厩：马厩。　⑧二子：孔宁、仪行父。　⑨楚子：楚庄王。陈夏氏乱：指上文陈卿夏征舒弑陈灵公，陈执政大臣孔宁、仪行父奔楚。　⑩动：害怕，惊动。少西氏：夏征舒祖父名。少西氏就是指夏征舒家族。　⑪辕（huàn）：车裂分尸。　⑫县：作动词用，将陈国作为楚国的下属县。　⑬陈侯：指陈成公，陈灵公的太子，当时在

晋国避乱，后被楚庄王从晋国接回，立为陈国君主。　⑭申叔时：楚国大夫。　⑮辞：作动词用，说明原因。　⑯抑，表轻微转折，可译为"不过"。蹊（xī）：践踏而成的径路称为蹊，此处作动词，踩。⑰日本金泽文库本增加了"楚"字。　⑱侪（chái）：辈。取诸其怀而与之：从别人怀中拿来东西再还给这个人，对我没有损害，还对他人有恩。　⑲乡取一人：在陈国每个乡都选出一个人，把这批人聚居在湖北汉阳北，给这个地方取名叫夏州，以表扬楚庄王的功绩。州：二千五百家为一州。

【今译】

鲁宣公九年，陈灵公和孔宁、仪行父都同夏姬私通，他们都把夏姬的内衣贴身穿着，在朝廷上互相戏谑。泄冶劝谏说："国君和卿公开说淫乱的事，百姓就无可效法了，而且名声不好。君王还是把内衣收起来吧。"陈灵公说："我能够改过。"陈灵公把泄冶的话告诉孔宁、仪行父，他们请求杀掉泄冶，陈灵公没有阻止，于是就杀了泄冶。孔子说：《诗经》说：'百姓做很多邪恶的事，就不要去自立法度。'那说的就是泄冶吧！"

鲁宣公十年，陈灵公和孔宁、仪行父在夏征舒家喝酒。陈灵公对仪行父说："夏征舒像你。"仪行父回答说："也像君王。"夏征舒对此气愤至极，陈灵公出门，夏征舒从他的马棚里用箭射死陈灵公。孔宁、仪行父二人逃亡到楚国。

鲁宣公十一年冬天，楚庄王因为陈夏氏作乱的缘故，攻打陈

国。告诉陈国人说不要惊惧，我是来讨伐少西氏的。于是进入陈
国，杀了夏征舒，在栗门把他车裂，于是把陈国设置为楚国的县。
当时陈成公避居在晋国。

楚国大夫申叔时出访齐国，回国向楚庄王复命后就退下去。
楚庄王派人责备他说："夏征舒做了不合道义的事，杀了他的国君，
我率领诸侯讨伐并杀掉他，诸侯和县公都庆贺我，你唯独不庆贺我，
为什么？"申叔时回答说："还可以解释几句吗？"楚王说："可以。"
申叔时说："夏征舒杀了他的国君，他的罪很大，讨伐并杀了他，
这是君王所做的正义的事情。不过人们也说：'牵牛踩了别人的田
地，就把他的牛夺过来。'牵牛践踏田地的人，确实是有罪的；但
抢他的牛，惩罚就太重了。诸侯跟从君王，说是为了讨伐有罪的人。
现在把陈国设置为楚国的县，这就是贪图它的富裕物资了。用讨
伐的名义召集诸侯，而用贪婪作为结束，这恐怕不行吧？"楚王说：
"说得好！我没有听过这番道理。还给他，可以吗？"申叔时回答说：
"行！这就是我们这班小人物所说'从他的怀里拿出来再给他'。"
楚庄王于是重新封立陈国，从每个乡带一个人回楚国，集居在一
地称它为夏州。因此《春秋》记载说："楚庄王进入陈国，送公孙宁、
仪行父回陈国。"这是表明楚庄王这事做得合乎礼。

鲁宣公九年（公元前600年）

【《春秋》原文】

陈杀其大夫泄冶。

【《穀梁传》原文】

称国以杀其大夫，杀无罪也。泄冶之无罪如何？陈灵公通于夏征舒之家，公孙宁、仪行父，亦通其家。或衣其衣，或衷其襦，以相戏于朝。泄冶闻之，入谏曰："使国人闻之则犹可，使仁人闻之则不可。"君愧于泄冶，不能用其言而杀之。

鲁宣公十年（公元前599年）

【《春秋》原文】

癸巳，陈夏征舒弑其君平国。

【《春秋》今译】

鲁宣公九年，陈国杀了它的大夫泄冶。

【《穀梁传》今译】

记载说是国家杀死它的大夫，就表示杀了无罪之人。为什么说泄冶是无罪的呢？因为陈灵公在夏征舒家和他的母亲夏姬私通，公孙宁、仪行父也在他家和夏姬私通，有的穿着夏姬的外衣，有的穿着夏姬的短内衣，相互在朝堂戏谑。泄冶听说了这件事，便到朝中去进谏说："让国都中的人知道了还没有什么，让有仁德的人知道了就不好了。"陈灵公在泄冶面前感到羞愧，又不能采用他的话，因而就杀了他。

【《春秋》今译】

鲁宣公十年癸巳日，陈国的夏征舒杀了他的国君平国（即陈灵公）。

鲁宣公十一年（公元前598年）

【《春秋》原文】

冬，十月，楚人杀陈夏征舒。

丁亥，楚子入陈，纳公孙宁、仪行父于陈。

【《公羊传》原文】

此楚子也，其称人何？贬。曷为贬？不与外讨也。不与外讨者，因其讨乎外而不与也，虽内讨亦不与也。曷为不与？实与而文不与。文曷为不与？诸侯之义，不得专讨也。诸侯之义不得专讨，则其曰实与之何？上无天子，下无方伯，天下诸侯有为无道者，臣弑君，子弑父，力能讨之，则讨之可也。

此皆大夫也，其言纳何？纳公党与也。

【《穀梁传》原文】

此入而杀也，其不言入，何也？外征舒于陈也。其外征舒于陈，何也？明楚之讨有罪也。

入者，内弗受也。日入，恶入者也。何用弗受也？不使夷狄为中国也。

纳者，内弗受也。辅人之不能民而讨，犹可；入人之国，制人之上下，使不得其君臣之道，不可。

【《春秋》今译】

鲁宣公十一年冬十月，楚国人杀了陈国的夏征舒。

丁亥日，楚庄王进入陈国，纳公孙宁、仪行父于陈。

【《公羊传》今译】

这是楚庄王，为什么称他"人"？是贬斥。为什么贬斥？是不赞许来自外国的诛戮；不赞许来自外国的诛戮，是因为诛戮来自国外而不赞许。但即使是诸侯王专杀士大夫也是不被赞许的。为什么不赞许？是实际上赞许而文字上不赞许。文字上为什么不赞许？诸侯照道理不能擅自诛戮。诸侯照道理不能擅自诛戮，那么说实际上赞许是为什么？上没有圣明天子，下没有一方之长，天下诸侯有做出暴虐无道的事，臣子杀国君，儿子杀父亲，力所能诛戮，就诛戮他也可以的。

这两人都是陈国的大夫，（未被除名），将他们送回国怎么能说是"纳"呢？是纳入陈成公（陈灵公的太子，后继承陈国君位）的党羽啊。

【《穀梁传》今译】

这次是攻入陈国而后杀死夏征舒的，史册记载不说攻入陈国，是什么原因？原因就是要把夏征舒排除在陈国人之外。把夏征舒排除在陈国人之外，是为什么？是为了表明楚国诛杀的夏征舒是有罪的。

史册上记载说"入"，是表示被攻入的国家的人民是不愿接受的。记载进入的日子，是表示对进入者的憎恶。陈国人民为什么不愿接受楚王呢？因为不愿让夷狄之人来统治中原华夏国家。

史册记载说"纳"，是表示陈国人民不愿接受。辅助别的国家，如果其君不顺民心那么讨伐他可以的；但攻入别人的国家，控制别国的君臣上下，使得其君不能行君道，臣不能行臣道，那就不可以了。

鲁宣公十二年（公元前597年）

【《春秋》原文】

春，葬陈灵公。

【《公羊传》原文】

讨此贼者，非臣子也，何以书葬？君子辞也。楚已讨之矣，臣子虽欲讨之，而无所讨也。

【《春秋》今译】

鲁宣公十二年春，安葬陈灵公。

【《公羊传》今译】

诛戮夏征舒的人，并非陈国的臣子，《春秋》怎么能说安葬了陈灵公？这是君子的措辞。楚庄王已经诛戮了弑君的凶手，臣下和儿子虽然想要诛戮，也无所诛戮了。

【释义】

这则小故事写的是楚庄王攻打陈国，把陈国设立为属国，又听从申叔时的劝阻，纠正吞并陈国的错误行为。他先提前行使了霸主的权力，后又从谏如流，表现出了一个霸主的英明。

　　《左传》的这段文字中有《春秋》经文"楚子入陈。纳公孙宁、仪行父于陈"，所以我们在《左传》之后也附录了关于这段故事的《春秋》经文和《公羊传》、《穀梁传》的解释。《左传》与《公羊传》、《穀梁传》体例上的不同：前者着重于疏解史实，后两者则着重对经文的阐释，以引发经文的大义和笔法。

　　何为"春秋大义"？一个字，"礼"。何为礼？即《论语·颜渊》中所说的"君君臣臣父父子子"，意思是君主要像君主，臣子要像臣子，父亲要像父亲，儿子要像儿子。这就是儒家所说的礼。所谓的乱臣贼子，就是那些不像子、不像臣、不合礼的人。他们没有达到身为人子和人臣分内的道德要求，甚至连家庭角色和社会角色的伦理底线都没达到。这一故事中的公孙宁、仪行父和夏征舒就没有尽到臣子的责任，陈灵公也不像个合格的君主，楚庄王的行为虽说不错，但在职分上也有越职之嫌。《春秋》记下这件事并非只是为记而记，而是有深义的，那就是"善善、恶恶、贤贤、贱不肖"，意思是褒扬道德高尚的人，贬黜道德败坏的人。《左传》在鲁成公十四年曾直接阐明《春秋》大旨："君子曰：《春秋》之称，微而显，忘而晦，婉而成章，尽而不污，惩恶而劝善。"意思是：《春秋》的记述，用词细密而意思显明，记载史实而含蓄深远，婉转而顺理成章，穷尽而无所歪曲，警戒邪恶而奖励善良。可见，惩恶扬善、讨论君臣职分是《春秋》经写作主旨之一。

　　但春秋大义并非以显豁的方式呈现出来，而是幽微的，需要细细推敲琢磨，这就是春秋笔法，即"一字褒贬"，《春秋》每个字的用法都暗喻褒贬。《公羊传》、《穀梁传》都紧扣一个个经文中的字，比如为什么用"入"，为什么用"纳"。只有这样一个字一个字地解释，并结合经传对事实的叙述，我们才能领悟《春秋》每个字的涵义。用春秋笔法来表现春秋大义，在语词中暗喻褒贬，并千古流传，这就是后世人所笃信的历史文字的力量。

楚许郑平

鲁宣公十二年（公元前597年）

【《左传》原文】

春，楚子围郑，旬有七日。郑人卜行成，不吉；卜临于大宫①，且巷出车②，吉。国人大临，守陴者皆哭③。楚子退师。郑人修城。进复围之，三月，克之。入自皇门④，至于逵路。郑伯肉袒牵羊以逆⑤，曰："孤不天，不能事君，使君怀怒以及敝邑，孤之罪也，敢不唯命是听？其俘诸江南，以实海滨，亦唯命；其翦以赐诸侯⑥，使臣妾之⑦，亦唯命。若惠顾前好，徼福于厉、宣、桓、武⑧，不泯其社稷，使改事君，夷于九县⑨，君之惠也，孤之愿也，非所敢望也。敢布腹心⑩，君实图之。"左右曰："不可许也，得国无赦⑪。"王曰："其君能下人，必能信用其民矣，庸可几乎⑫？"退三十里而许之平。潘尪入盟⑬，子良出质。

【今译】

鲁宣公十二年春，楚庄王围攻郑国国都。十七天后，郑国为求和之事占卜，不吉利。又为到太庙去哭并把兵车陈列里巷准备决战占卜，吉。郑国人都聚集到太庙号哭，守城的士兵也都哭。楚庄王退兵，郑国人修筑城墙，楚国再次进兵包围了郑国的都城，攻了三个月，攻克郑都。楚军从皇门入城，到了京城的大路。郑襄公光着上身牵着羊去迎接楚庄王，说："我没能顺从天意，没能事奉楚君，使楚君带着怒气来到敝国，是我的罪过，岂敢不听从君王的命令？如果把我俘虏到江南去，安置在海边上，我也唯命是听。如果灭亡郑国把郑国分给诸侯国，使郑人做诸侯的奴仆，我也唯命是听！如果楚君能顾念以前二国的友好，求得郑国先祖周厉王、周宣王、郑桓公、郑武公的福佑，不灭绝郑国的社稷，使郑国重新事奉楚君，把郑国等同楚国的县，这是楚君的恩惠，也是我的愿望，但又不敢指望。谨此表达心中的想法，君王请考虑。"楚庄王左右的大臣说："不能答应他，攻占了一个国家就不能再赦免。"楚庄王说："郑君能屈居人下，必定能以诚信动用郑国的民众，这个国家恐怕还是有希望的吧？"楚军后撤三十里，并允许郑国讲和。楚国大夫潘尫进入郑都签订盟约，郑国公子良到楚国做人质。

【释义】

楚国攻打郑国，郑襄公斟酌再三，决定放下郑国君主的尊严、用卑言屈辞的道歉来博得楚庄王的同情，以免去一场战争。对于郑襄公道歉的情境，《左传》说郑襄公是"肉袒牵羊"，以表示自己在楚庄王面前身份低贱至平民。而《公羊传》的记载则是"郑伯肉袒，左执茅旌，右执鸾刀"，茅旌是古代祭祀宗庙时导神用的工具，鸾刀是装饰有铃铛的刀，是古代祭祀宗庙时宰割牺牲用的。郑襄公献上茅旌和鸾刀，表示郑国今后是否祭祀宗庙，都由楚国决定。《公羊传》中的郑伯在道歉时的形象更讲究礼，相形之下《左传》中郑伯的形象更粗俗，虽然投降时显得一无所有效果更好。但显然，《左传》和《公羊传》在叙事时的审美倾向和关注点稍有不同。

楚庄王在接受了郑襄公的道歉以后，《公羊传》记载楚庄王马上行动，手持旌旗，指挥军队，后退七里。而《左传》中庄王是与臣子商量后再行动。楚国劳师动众地出军，结果只因对方几句话就无功而返，自然引起楚国臣子的不满。对此，无论《左传》还是《公羊传》的记载都一样，但理由各不相同。《左传》里说得比较含糊："楚庄王左右的大臣建议说：'不能答应他，得到了一个国家就不能再赦免。'"而《公羊传》则具体得多、直接得多：将军子重进谏："郢都和郑国相距几千里，战死的大夫已经有几个了，服役的士兵死的就有好几百，如今君王战胜郑国而不占有，岂非白费臣民的力气？"

面对这些反对意见，楚庄王是自我辩护的，但两书中的理由也稍有差异。《左传》中，楚庄王对郑伯还抱有希望，认为他有领导一个国家的能力。楚国征伐郑国的理由是郑国怀二心，郑是楚的属国，同时又亲附晋国，楚国气不过，才北上征战以示警告，因此郑国只要表现出足够的谦卑即可。而《公羊传》中对于子重提出的已经投入过大的问题，庄王的回答是：古时候不到兵器太多、裘皮被虫蛀的时候，君王不会出战四方；所以君子看重礼、轻视利，只要敌方服罪，而不是要他的土地；对方已经投降了还不赦免他，那是不吉利的，用不吉利领导人民，灾祸就会很快降临到我的身上。这一回答相当堂皇，站在礼的高度来谈论战争，有一定的境界，与邲之战结尾庄王的讲话可以媲美。

从上文的《左传》、《公羊传》的比读中，很明显可以看到，同样是叙事，《公羊传》比《左传》带有更多说教的意味，这也是《公羊传》在汉代时相当流行的原因，因为它在意识形态的传播中能起到更大的作用。而《左传》则因其叙事详备、剪裁得当、优美流畅而拥有长久的生命力。

邲 之 战

鲁宣公十二年（公元前597年）

【《左传》原文】

夏六月，晋师救郑。荀林父将中军，先縠佐之①。士会将上军，郤克佐之。赵朔将下军，栾书佐之②。赵括、赵婴齐为中军大夫③。巩朔、韩穿为上军大夫。荀首、赵同为下军大夫④。韩厥为司马⑤。

及河⑥，闻郑既及楚平，桓子欲还⑦，曰："无及于郑而剿民⑧，焉用之？楚归而动，不后⑨。"随武子曰⑩："善。会闻用师，观衅而动⑪。德刑政事典礼不易⑫，不可敌也，不为是征⑬。楚军讨郑，怒其贰而哀其卑，叛而伐之，服而舍之，德刑成矣。伐叛，刑也；柔服⑭，德也。二者立矣。昔岁入陈，今兹入郑，民不罢劳⑮，君无怨讟⑯，政有经矣⑰。荆尸而举⑱，商农工贾不败其业⑲，而卒乘辑睦，事不奸矣⑳。

注解

①先縠（hú）：先轸后代，又称原縠。食采于縠，故又称縠子。　②栾（luán）书：栾盾之子。　③赵括、赵婴齐：即屏括、楼要，赵盾之异母弟，详见《晋文公从善如流》。　④荀首：荀林父弟。赵同：即原同，赵括的哥哥。　⑤韩厥：曲沃桓叔的后代。　⑥河：黄河。　⑦桓子：荀林父。　⑧剿（jiǎo）：劳。　⑨楚归而动：等楚兵返还后再动兵伐郑，责备郑国向楚国投降。不后：不会来不及。　⑩随武子：士会。　⑪衅：间隙。观衅，即待机，寻找机会。　⑫易：改变、违反。不易：不违反道。　⑬不为是征：不攻打这样的国家。　⑭柔服：对已投降者用柔德、安抚。　⑮罢：同"疲"。　⑯怨讟（dú）：怨恨。　⑰经：常规。　⑱荆尸：楚国的一种阵法。荆尸而举，即列阵出兵。　⑲商：行商。贾：坐商。　⑳卒：步兵。乘：车兵。辑：和。奸：犯。

【今译】

夏季六月，晋国出兵救郑。荀林父统率中军，先縠辅佐他。士会统率上军，郤克辅佐他。赵朔统率下军，栾书辅佐他。赵括、赵婴齐任中军大夫。巩朔、韩穿任上军大夫。荀首、赵同任下军大夫。韩厥任司马。

晋军到黄河边，听说郑国已经和楚讲和了，荀林父打算带兵回国，说："来不及救援郑国而劳师动众，还有什么意思？等楚军回国再去打郑国也来得及。"士会说："对！我听说用兵，要看寻找敌人的机会而后行动。那个国家的德行、刑罚、政令、事务、典则、礼仪都不违背常道，不可同它为敌，不能攻打这样的国家。楚军讨伐郑国，由于郑国怀有二心而愤怒，见郑屈服卑下而同情。背叛就讨伐它，顺服就宽恕它，德行、刑罚都齐备了。讨伐叛变者，是刑罚；安抚顺服者，是德行。楚国这二者都树立起来了。楚国去年征伐陈国，今年又征讨郑国，楚民并不疲劳，楚君并未因连年出兵而被楚人怀恨，楚国的政治措施已经合乎常道。楚军摆出荆尸之阵然后出兵，但国内的商贩、农民、工匠、店主都没受到影响，兵士间关系和睦，事务就互不相犯。

【原文】

蒍敖为宰，择楚国之令典①，军行，右辕，左追蓐②，前茅虑无③，中权④，后劲⑤。百官象物而动⑥，军政不戒而备⑦，能用典矣。其君之举也⑧，内姓选于亲，外姓选于旧。举不失德，赏不失劳。老有加惠，旅有施舍⑨。君子小人，物有服章。贵有常尊⑩，贱有等威⑪，礼不逆矣。德立，刑行，政成，事时，典从，礼顺，若之何敌之？见可而进，知难而退，军之善政也。兼弱攻昧⑫，武之善经也⑬。子姑整军而经武乎！犹有弱而昧者，何必楚？仲虺有言曰⑭："取乱侮亡。"兼弱也。《汋》曰⑮："於铄王师⑯，遵养时晦⑰。"耆昧也⑱。《武》⑲曰："无竞惟烈⑳。"抚弱耆昧以务烈所，可也。

注解

①令典：好的法典。　②追蓐：割草以备休息用。　③茅：通"旄"，牛尾，指代饰有牛尾的旌旗。古行军，前军探路，以旄为标志通知后军，根据不同路况，出示颜色不同的旌旗。虑无：考虑未发生的事，即防止意外。　④中权：中军制定战争策略。　⑤后劲：以精兵为殿后。　⑥百官：军中诸官。象物而动：物，指旌旗，百官各建旌旗，依旗而动。　⑦戒：救令。　⑧举：选拔人才。　⑨施舍：赐予。　⑩常尊：一定的礼仪以示尊重。　⑪贱有等威：卑贱者也分成等级，使他们有所畏惧。　⑫昧：昏暗。　⑬武：用兵。⑭仲虺（huǐ）：汤相。　⑮汋（zhuó）：《诗·周颂》篇名。⑯於：发语词。铄（shuò）：美。　⑰遵：率。养：取。时：此。⑱耆（qí）昧：攻打昏昧。　⑲《武》：《诗·周颂》篇名。⑳竞：强。烈：功业。

【今译】

孙叔敖做令尹，选择适合楚国好的政典；行军时，右军带着车辕以备损坏，左军割草以备宿息用；前军举着旌旗开路以防意外，中军制定计谋，后军以精兵押阵，百官依照象征自己的旌旗指挥而行动；军令还没下达，士卒就都已有所防备；楚国能正确运用军典了。楚君选拔人才时，同姓中选亲近的贤人，异姓中选老臣中有才干的人。选任人才不忘有德之人，赏赐官爵时不忘有功之人。年老的人被优待，过路的旅客有赏赐。地位高的人和百姓小民，都有各自的服饰和典章规则。高贵的人享有高贵的仪式，低贱的人也有等级之分，使他们畏服，这样，礼节就没有不顺的了。德行树立，刑罚施行，政令有成，事务合时，典则通行，礼仪顺当，怎么能与他作对？看到有胜利的机会就前进，觉得有困难就退兵，这是打仗的上策。兼并弱小，攻打愚昧，这是用兵的好规则。你姑且整顿军队、考虑用兵的方略吧！另外还有弱小愚昧的国家，何必一定要与楚国交战？商汤的相仲虺说过："攻打混乱的国家，欺侮要灭亡的国家。"这是指兼并弱。《诗经·周颂·沴》说："天子的军队多辉煌，率兵攻打昏昧的殷商。"是说攻打昏昧。《诗经·周颂·武》说："武王的功业举世无双。"安抚弱小进攻昏昧，以求建功立业，这就可以了。

【原文】

虒子曰："不可。晋所以霸，师武、臣力也。今失诸侯，不可

135

谓力。有敌而不从，不可谓武。由我失霸，不如死。且成师以出，闻敌强而退，非夫也^①。命为军帅，而卒以非夫，唯群子能，我弗为也。"以中军佐济^②。

知庄子曰^③："此师殆哉！《周易》有之，在《师》䷆之《临》䷒^④，曰：'师出以律，否臧，凶^⑤。'执事顺成为臧，逆为否。众散为弱^⑥，川壅为泽^⑦，有律以如己也^⑧，故曰律。否臧，且律竭也^⑨。盈而以竭，夭且不整，所以凶也^⑩。不行之谓临，有帅而不从，临孰甚焉！此之谓矣。果遇，必败，彘子尸之^⑪，虽免而归，必有大咎。"韩献子谓桓子曰："彘子以偏师陷，子罪大矣。子为元帅，师不用命，谁之罪也？失属、亡师，为罪已重，不如进也。事之不捷，恶有所分，与其专罪，六人同之，不犹愈乎？"师遂济。

楚子北师次于郔。沈尹将中军^⑫，子重将左^⑬，子反将右^⑭，将饮马于河而归。闻晋师既济，王欲还，嬖人伍参欲战^⑮。令尹孙叔敖弗欲，曰："昔岁入陈，今兹入郑，不无事矣。战而不捷，参之肉其足食乎？"参曰："若事之捷，孙叔为无谋矣。不捷，参之肉将在晋军，可得食乎？"令尹南辕、反旆^⑯，伍参言于王曰："晋之从政者新，未能行令。其佐先縠刚愎不仁^⑰，未肯用命。其三帅者，专行不获，听而无上，众谁适从？此行也，晋师必败。且君而逃臣，若社稷何？"王病之，告令尹，改乘辕而北之，次于管以待之^⑱。

注解

①夫：大丈夫。　②济：渡河。　③知，又作智。知庄子：即荀首，荀首的采邑为智邑，因此又称智氏。　④在师之临：《师》卦坎下坤上，《临》卦兑下坤上。《师》卦初爻由阴变阳，坎变为兑，成《临》卦。　⑤此句是《师》卦初六爻辞。律：法。否臧：不善。全句意为：凡出师必用法制号令，不如此，就不"执事顺成"，就会凶险。　⑥众散为弱：大众离散便是弱，坎为众，现在变为兑，兑为柔弱之象。　⑦川壅为泽：流水壅塞便成沼泽，坎为川，现在变为兑，兑为泽，河水被壅塞。　⑧如：从。全句意思，用律法指挥三军便如同自己指挥自己一样。　⑨竭：尽，穷。　⑩盈而以竭，夭且不整，所以凶：律法将穷竭无用，从充足到穷竭，阻塞而且不整齐，这就是凶象。　⑪尸：主。　⑫沈尹：沈县之尹。　⑬子重：楚庄王弟弟的公子婴齐，楚国大夫。　⑭子反：公子侧，楚国大夫，后官大司马。　⑮嬖人：宠臣。伍参：杜预注说是伍奢之祖父。　⑯南辕反旆：回车南向，掉转大旗，表示回楚国。　⑰从政者：指荀林文，当时荀林文在位最多不超过两个月。刚愎：刚且狠。　⑱管：郑地，在今河南郑州市。

【今译】

先縠说："不可以。晋国所以称霸，是军队勇武，臣子尽力。现在失掉了郑国，说不上是尽力；有敌人在前而不打仗，不能说是勇武。由我们手中失掉晋国的霸业，还不如死去。而且晋国兴兵出战，听说敌人强大而撤军，这不是大丈夫的行为。奉国君之命为三军的统帅，结果却做出大丈夫不该做的事来，只有你们愿意这样，我可不干。"先縠带着中军渡河。

荀首说："这样进兵太危险了！《周易》有这样记载：由《师》卦变为《临》卦，爻辞说：'凡出兵必用律法号令来约束，做不到就不'执事顺成'，就有凶险。'执行顺当而获成功是善，反过来就是不善。大众离散便是弱，流水壅塞便成沼泽，用律法指挥三军便如同自己指挥自己一样，所以叫做'律'。执行不顺，律法将穷竭无用。从充足到穷竭，阻塞而且不整齐，这就是凶象。不能够流动，这就叫做临，有统帅而不服从，还有比这更危险的'临'吗？说的就是这情况了。果真与敌人作战，一定失败，先縠是罪魁祸首。即使他免于战死脱身逃回，必然有大的灾祸。"韩厥对荀林父说："如果先縠带着中军陷入敌军，你的罪就大了。你是最高统帅，军队不听命令，这是谁的过错？这次出来失去属国，又丢失兵力，犯的罪过太重了，还不如进军。即使失利罪名有人分担，与其你一个人承担罪名，还不如由六个人共同承担，不是更好一些吗？"军队就渡过了黄河。

楚庄王率兵向北推进，驻扎在郔地。沈尹统帅中军，子重统帅左军，子反统帅右军，打算在黄河饮马后就回国。听到晋军已经渡河，楚庄王打算撤军，他的宠臣伍参主张迎战。令尹孙叔敖反对，说："我们去年攻入陈国，今年攻入郑国，不算没有战争。打仗如果没赢，伍参的肉够抵罪么？"伍参说："如果赢了，那就显出你孙叔敖没有谋略。不能获胜，我的肉将落入晋军手里，你能吃吗？"孙叔敖下令回车向南、倒转旌旗。伍参对楚庄王说："晋国的执政官是新近委任的，号令不能施行。他的副将先縠刚愎不仁，不肯听从命令。他们的三个统帅，想要专权行事而又彼此牵制。想要听从却没有可听从的上级，大军听谁的命令呢？这一次，晋军必然失败。再说我们以国君之尊避让别国的臣子，国家如何能受这等耻辱？"楚庄王觉得难堪，就叫孙叔敖转过车辕向北进发，驻扎在管地等待晋军。

【原文】

晋师在敖、鄗之间①。郑皇戌使如晋师②，曰："郑之从楚，社稷之故也，未有贰心。楚师骤胜而骄，其师老矣，而不设备，子击之，郑师为承③，楚师必败。"

彘子曰："败楚服郑，于此在矣，必许之。"

栾武子曰④："楚自克庸以来⑤，其君无日不讨国人而训之于民生之不易⑥，祸至之无日，戒惧之不可以怠。在军，无日不讨军实而申儆之于胜之不可保⑦，纣之百克而卒无后，训之以若敖、蚡冒筚路蓝缕⑧，以启山林。箴之曰：'民生在勤，勤则不匮。'不可谓骄。先大夫子犯有言曰⑨：'师直为壮，曲为老。'我则不德，而徼怨于楚，我曲楚直，不可谓老。其君之戎，分为二广，广有一卒⑩，卒偏之两⑪。右广初驾，数及日中⑫，左则受之，以至于昏。内官序当其夜⑬，以待不虞。不可谓无备。子良，郑之良也。师叔⑭，楚之崇也。师叔入盟，子良在楚，楚、郑亲矣。来劝我战，我克则来，不克遂往，以我卜也，郑不可从。"

赵括、赵同曰："率师以来，唯敌是求。克师得属，又何俟？必从彘子。"知季曰⑮："原、屏，咎之徒也⑯。"赵庄子曰："栾伯善哉，实其言⑰，必长晋国⑱。"

注解

①敖、鄗（qiāo）：二山名，在河南荥阳县北。　②皇戌：郑国的卿。　③骤：屡次。老：楚军围郑已历经好几个月。承：后继。④栾武子：栾书。　⑤克庸：楚灭庸国是在鲁文公十六年。⑥讨：治，教训。于：以。　⑦军实：军中官兵。申儆：再三告诫。⑧若敖、蚡冒：皆楚之先君。筚路：柴车。蓝缕：破旧衣服。⑨子犯：狐偃。　⑩广有一卒：每个"广"有一卒之车，即三十辆车。⑪卒偏之两：每三十辆车分为两偏，即一偏十五辆车。　⑫数：漏刻之数，即指时间。　⑬内官：王左右亲近的臣子。序：依次序。⑭师叔：即潘尫。　⑮知季：即知庄子荀首。　⑯咎：灾祸。徒同"途"。全句谓二人自取灾祸。　⑰实：实践。　⑱长：长久。

【今译】

晋国军队驻扎在敖、鄗二山之间。郑国的皇戌出使到晋军中，说："郑国顺从楚国，是为了国家的缘故，没有叛离晋国的意思。楚国军队屡次打胜仗已经骄傲，他们长期在外已经疲惫不堪，又没有防备，你们出击，郑国的军队作为后应，楚军必然失败。"

　　先縠说："打败楚国，收服郑国，在此一举了，咱们一定得答应他。"

　　栾书说："楚国自从战胜庸国以来，他们的国君没有一天不训导国人并教育他们说人民安居乐业不容易，祸患随时会到来，要时刻小心、戒备，不可懈怠。在军队中没有一天不管理官兵并警诫他们说胜利不能永远保持，纣打了一百次胜仗而最终仍然灭亡，他们的将帅用若敖、蚡冒乘柴车、穿破衣开创山林基业的事迹来教育人民。劝诫大家说：'人民的生计全靠勤劳，勤劳了就不会匮乏。'因此不能说楚国骄傲。先大夫子犯曾经说过：'出兵作战，理直就气壮，理亏的就气衰。'我们的行为没有道理，却和楚国结怨，我们理亏楚国理直，这就不能说楚国气衰。他们国君的卫队分为左右二广，每广有战车一卒三十辆，每卒又分为左右两偏。右广先上车备战，计算时间到中午，左广就去替换，直到黄昏。左右近臣按次序轮番守夜，以防备意外。因此不能说楚国不加防备。子良，是郑国的贤人。潘尪，是楚国地位崇高的人。潘尪进入郑都订盟，子良在楚国做人质，楚国和郑国关系很密切了。现在郑国来劝我们出兵，我们胜了就来归服，我们不胜就投靠楚国，这是拿我们的结果来决定自己的立场，不能听从郑国的建议。"

　　赵括、赵同说："率兵领军而来，就是找人打仗，打败敌人，得到属国，还等什么？一定要听从先縠的话。"荀首说："赵同、赵括二人，正是自取灾祸啊。"赵朔也说："栾书的话有理！照他的话去做，一定能使晋国更长久。"

【原文】

楚少宰如晋师，曰："寡君少遭闵凶，不能文①。闻二先君之出入此行也，将郑是训定，岂敢求罪于晋②。二三子无淹久。"随季对曰："昔平王命我先君文侯曰：'与郑夹辅周室，毋废王命。'今郑不率③，寡君使群臣问诸郑，岂敢辱候人④？敢拜君命之辱。"彘子以为谄，使赵括从而更之，曰："行人失辞。寡君使群臣迁大国之迹于郑⑤，曰：'无辟敌。'群臣无所逃命⑥。"

楚子又使求成于晋，晋人许之，盟有日矣。楚许伯御乐伯，摄叔为右，以致晋师⑦。许伯曰："吾闻致师者，御靡旌、摩垒而还⑧。"乐伯曰："吾闻致师者，左射以菆⑨，代御执辔，御下，两马⑩、掉鞅而还⑪。"摄叔曰："吾闻致师者，右入垒，折馘⑫、执俘而还。"皆行其所闻而复。晋人逐之，左右角之⑬。乐伯左射马而右射人，角不能进。矢一而已。麋兴于前，射麋，丽龟⑭。晋鲍癸当其后，使摄叔奉麋献焉⑮，曰："以岁之非时，献禽之未至，敢膳诸从者。"⑯鲍癸止之⑰，曰："其左善射，其右有辞，君子也。"既免。

注解

①少宰：官名。如：到。不能文：谦词，表示不善辞令。　②二先君：楚成王与穆王，均曾攻打郑国。将郑是训定：是，宾语前置的标志，句子顺序当为，将训定郑。岂敢求罪于晋：楚国先君来郑，是想平定郑国，并不想与晋国相争。　③随季：士会。平王：周平王。文侯：晋文侯，名仇。率：遵循王命，与晋亲切。　④候人：送往迎来之官。这句是说不劳烦楚人迎送，意思是此事与楚国无关。⑤迁大国之迹：外交辞令，意为赶走你们。　⑥辟：通"避"。无所逃命：即非战不可。　⑦求成：求和。盟有日：已约定盟约日期。致晋师：古代战争前，让勇士们先犯敌致师，即单车挑战。⑧靡旌：车行得快，旗帜一定会倾斜，此处指快速驾车。摩：迫近。⑨菆（zōu）：好箭。　⑩两：把两匹马排齐，表示闲暇。⑪掉鞅：拨正马颈上的皮带。　⑫折馘（guó）：杀死敌人，割下耳朵。执俘：坐俘敌人。　⑬左右角之：张两角左右夹攻。　⑭丽：中。龟：背部。当时打猎的人认为，能将箭射中猎物的背并穿至腋下的人是善射者。　⑮主语省略，主语为乐伯。　⑯麋是夏季时的猎物，当时还是初夏，所以说"非时"、"非至"。　⑰止：令其下属不再追击。

【今译】

楚少宰出使晋军，说："寡君年轻时遭遇忧患，不善辞令。听说楚成王、楚穆王到这里来，是为了教训安定郑国，怎敢得罪晋国？你们各位不要待得太久了。"士会回答说："从前周平王命令我们的先君晋文侯说：'和郑国一起辅佐周王室，不要废弃天子的命令。'现在郑国不听从天子的命令，寡君派下臣们来向郑国问罪，怎么敢有劳贵国候人迎送？谨拜谢贵国国君的命令。"先縠认为这样说是奉承楚国，派赵括追上使者更正说："外交官员的话不妥当。寡君派下臣们来是要请大国撤离郑国，说：'不要避让敌人。'下臣们不得不执行命令。"

楚庄王又派人向晋军求和，晋国人答应了，已经定了结盟的日期。楚国的许伯为乐伯驾驭战车，摄叔为车右，向晋军单车挑战。许伯说："我听说单车挑战，飞快地驾车使车上的旌旗斜倒，迫近敌人的营垒然后回来。"乐伯说："我听说单车挑战，车左用好箭射敌，代替驾车的执辔，驾车的下车把两匹马排齐，拨正马颈上的皮带，然后回来。"摄叔说："我听说单车挑战，车右冲入敌营垒，杀死敌人割下耳朵，生俘俘虏，然后回来。"三人都按照他们所听说的做了。晋国人追赶他们，左右两角夹攻。乐伯左边射马，右边射人，使晋军的两角不能接近，最后只剩下一支箭了。有一只麋出现在前面，乐伯射中麋的背部。晋鲍癸正在后面追赶，乐伯派摄叔拿着麋献给他，说："因为还没到打猎的时候，应当奉献的禽兽还没送来，谨以此献给您的随从作为膳食。"鲍癸阻止部下追赶，说："他们的车左善于射箭，车右善于辞令，都是君子啊。"因此三人都免于被俘。

【原文】

晋魏錡求公族未得①，而怒，欲败晋师。请致师，弗许。请使，许之。遂往，请战而还。楚潘党逐之，及荥泽②，见六麋，射一麋以顾献曰③："子有军事，兽人无乃不给于鲜④，敢献于从者。"叔党命去之⑤。赵旃求卿未得⑥，且怒于失楚之致师者，请挑战⑦，弗许。请召盟，许之，与魏錡皆命而往⑧。郤献子曰："二憾往矣，弗备，必败。"郤子曰："郑人劝战，弗敢从也。楚人求成，弗能好也。师无成命，多备何为？"士季曰："备之善。若二子怒楚，楚人乘我⑨，丧师无日矣。不如备之。楚之无恶，除备而盟，何损于好？若以恶来，有备，不败。且虽诸侯相见，军卫不彻，警也。"郤子不可。

士季使巩朔、韩穿帅七覆于敖前⑩，故上军不败。赵婴齐使其徒先具舟于河，故败而先济⑪。

潘党既逐魏錡，赵旃夜至于楚军，席于军门之外⑫，使其徒入之。楚子为乘广三十乘，分为左右⑬。右广鸡鸣而驾，日中而说⑭。左则受之，日入而说。许偃御右广，养由基为右。彭名御左广，屈荡为右。乙卯，王乘左广以逐赵旃。赵旃弃车而走林，屈荡搏之，得其甲裳。晋人惧二子之怒楚师也，使軘车逆之⑮。潘党望其尘，使骋而告曰："晋师至矣。"楚人亦惧王之入晋军也，遂出陈。孙叔曰："进之。宁我薄人⑯，无人薄我。《诗》云：'元戎十乘，以先启行。'⑰先人也。《军志》曰：'先人有夺人之心'，薄之也。"

遂疾进师，车驰卒奔，乘晋军。桓子不知所为，鼓于军中曰："先济者有赏。"中军、下军争舟，舟中之指可掬也⑱。

注解

①魏锜（qí）：即下文厨武子，又称吕锜。求公族，请求担任公族大夫。
②荥泽：即荥泽，在今河南荥阳县东。　③顾：回车。　④兽人：掌打猎的官。给：足。　⑤叔党：即潘党。　⑥赵旃：赵穿子。
⑦挑战：率军队到敌军处挑战。　⑧皆命：一起受命。　⑨乘：乘势掩杀。　⑩七覆：七处伏兵。敖：即上文"晋师在敖、鄗之间"的敖山。　⑪具：准备。济：渡河。　⑫席：席地而坐。
⑬分为左右：分为左右两广；每广三十辆车。　⑭说：同"税"，卸车。　⑮轮（tún）车：专用于屯守的兵车。　⑯陈：通"阵"。薄：迫。　⑰所引诗见《诗·小雅·六月》。元戎，大戎，冲锋陷阵的兵车。启行，冲破敌军，打开敌军队伍。　⑱赵婴齐先前派人准备船只，但其身为中军大夫，准备的船只可能仅够中军之用。船只不够，因此中军、下军争舟。掬：捧。兵士争着上船，先乘者以刀断攀船舷欲上船的人的手指，以免船载人太多。

【今译】

晋魏锜要求担任公族大夫没有如愿，他心中怀怒，想叫晋军失利。他要求单车挑战，没被允许。请求出使，被允许了。魏锜就到了楚营，请战以后回来。楚国的潘党追赶他，到达荥泽，魏锜见到有六只麋跑过，射了一头，回车献给潘党说："您军务繁忙，可能猎人不能供给足够的新鲜野味，谨以此献给您的部下。"潘党下令不再追赶。赵旃要求做卿没能得到，同时对放走了楚国单车挑战的人而感到愤怒，请求带兵向楚挑战，没被允许。请求去召请楚人来会盟，被允许了，他与魏锜一起接受命令前往。郤克说："这一对气冲冲的家伙去了，如果我们不作准备，一定会吃败仗。"先縠说："郑国人劝我们出击，我们不敢听从。楚国人要求讲和，我们不能与他们修好。军中没有一定的主见，准备有什么用？"士会说："有备无患。如果这两人激怒了楚国，楚军乘势掩杀，我们随时会丢失军队。不如作好防备。楚国人如果没有恶意，这两人就撤消防备与他们结盟，怎会妨碍两国交好？如果他们带着恶意来，我们有了防备就不会失败。再说即使是诸侯间相见，军队的守卫也不撤除，这是有警戒心。"先縠不肯。

士会派巩朔、韩穿率兵在敖山前设下七处伏兵，所以后来晋国的上军没有失利。赵婴齐派他的部下先在河边备下船只，所以后来虽然打败却能先渡过河去。

潘党已经赶走了魏锜，赵旃在夜间到达楚营，铺开席子坐在军门外，手下进入楚营。楚庄王设立乘广，每广三十辆战车，分设左右二广。右广鸡叫时套上车，到日正中时休息。左广就接替它，到太阳下山时休息。右广的指挥车由许偃驾御，养由基任车右。左广的指挥车由彭名驾御，屈荡任车右。乙卯，楚庄王乘左广的指挥车追赶赵旃。赵旃丢弃了战车逃进树林，屈荡入林和他搏斗，获得了他的甲裳。晋国人害怕二人激怒楚国军队，派出轺车去接他们。潘党远望飞扬的车尘，派人飞车前往报告说："晋国军队来了。"楚国人也害怕楚庄王陷入晋军，就出兵列阵迎战。孙叔敖说："前进。宁可我们先迫近敌人，不要让敌人迫近我们。《诗》说：'战车十辆，冲在前面开道。'就是说要先下手为强。《军志》说：'先下手便可以夺去敌人的斗志。'说的是要迫近敌人。"于是便快速进军，战车飞驰，步兵急跑，掩袭晋军。荀林父手足无措，在军中击鼓说："先渡河退回的有赏。"中军、下军抢着上船，船上被砍下的断指多得可以用手捧起来。

【《左传》原文】

晋师右移①，上军未动。工尹齐将右拒卒以逐下军②。楚子使唐狡与蔡鸠居告唐惠侯曰③："不毂不德而贪，以遇大敌，不毂之罪也。然楚不克，君之羞也，敢借君灵以济楚师。"使潘党率游阙四十乘④，从唐侯以为左拒，以从上军。驹伯曰："待诸乎⑤？"随季曰："楚师方壮，若萃于我，吾师必尽，不如收而去之。分谤、生民⑥，不亦可乎？"殿其卒而退⑦，不败。

王见右广，将从之乘。屈荡户之⑧，曰："君以此始，亦必以终。"自是楚之乘广先左。

晋人或以广队不能进⑨，楚人惎之脱扃⑩，少进，马还⑪，又惎之拔旆投衡⑫，乃出。顾曰："吾不如大国之数奔也。"

赵旃以其良马二济其兄与叔父，以他马反，遇敌不能去，弃车而走林。逢大夫与其二子乘，谓其二子无顾。顾曰："赵傻在后^⑬。"怒之，使下，指木曰："尸女于是^⑭。"授赵旃绥^⑮，以免。明日以表尸之^⑯，皆重获在木下。

注 解

①右移：黄河在右，晋军向右逃走渡河。　②工尹齐：楚大夫，工尹为官名，齐，人名。右拒：右边方阵。　③唐狡、蔡鸿居：楚大夫。唐惠侯：唐国国君。唐为楚属国，地在今湖北随县西北。④游阙：指用作机动的兵车。　⑤驹伯：郤錡，郤克的儿子。待：抵卸。诸：代词，代楚军。　⑥方：正。壮：气盛，斗志昂扬。萃：聚。分谤生民：一同撤退是分谤，不战是生民。　⑦殿其卒：士会作为上军主将亲自殿后。　⑧户：止。　⑨广：兵车。队：同"坠"，陷入坑内。　⑩慧（jì）：教。扃：车前横木。此句意为：楚军教晋军抽去车前横木以出坑。　⑪还：盘旋不进。　⑫旆：大旗。投：投至车外，扔掉。衡：车轭，辕前横木以厄马颈者。旆和辕都会限制马匹前进，去除之后自然车轻马便。　⑬傻：同"叟"，老头。⑭尸：收尸。　⑮绥：挽以上车的绳索。　⑯明日：第二天。以表：按照标志。

【今译】

晋军向右移动，上军没有动。工尹齐率领右方阵的士兵追击晋军的下军。楚庄王派唐狡与蔡鸿居对唐惠侯说："我德行不够却贪功，因而遇上了强大的敌人，这是我的罪过。但楚国如果不能取胜，对君王来说是耻辱，谨借君王的威灵来帮助楚军取得胜利。"楚庄王派潘党率领机动部队战车四十辆，跟从唐惠侯作为左方阵，以跟从楚国上军迎击晋军。邵克说："抵御他们吗？"士会说："楚国军队正斗志昂扬，如果集中兵力对付我们，我军必然会全军覆灭。还不如收兵撤离。一同撤退，不战保民不也可以吗？"士会作为上军主将亲自殿后，因此上军不败。

楚庄王见到右广的战车，准备乘坐，屈荡阻止他说："君王乘坐左广的车开始作战，也一定要乘坐它结束作战。"从此楚国的乘广以左广为先。

晋国人有战车陷在坑里不能前进，楚国人教他们抽掉横木前进。战车出坑后行不多远，马盘旋不前，楚国人又教他们拔掉大旗、扔掉车轭，这样才逃走。晋军回头对楚军说："我们可不像贵国多次逃跑，很有经验。"

赵旃用他的两匹好马拉车送走他的哥哥与叔父，自己骑其他马逃回，碰上敌人不能逃脱，就丢弃战车逃进树林。逢大夫和他的两个儿子乘车经过，逢大夫吩咐两个儿子不能回头。儿子回头看了说："赵老头在后面。"逢大夫很生气，赶他儿子下车，指着一棵树说："在这里收你们的尸体。"他把上车的绳索递给赵旃，赵旃上车，得以逃脱。第二天，逢大夫按照标志去收尸，在那棵树下找到了他两个儿子叠着的尸体。

【原文】

楚熊负羁囚知罃①。知庄子以其族反之，厨武子御②，下军之士多从之。每射，抽矢，菆，纳诸厨子之房③。厨子怒曰："非子之求，而蒲之爱④，董泽之蒲⑤，可胜既乎⑥？"知季曰："不以人子，吾子其可得乎？吾不可以苟射故也。"射连尹襄老，获之，遂载其尸。射公子穀臣⑦，囚之。以二者还。

及昏，楚师军于邲，晋之余师不能军，宵济，亦终夜有声⑧。

丙辰，楚重至于邲⑨，遂次于衡雍⑩。潘党曰："君盍筑武军⑪，而收晋尸以为京观⑫？臣闻克敌必示子孙，以无忘武功。"楚子曰："非尔所知也。夫文，止戈为武。武王克商，作《颂》曰：'载戢干戈，载櫜弓矢。我求懿德，肆于时夏，允王保之⑬。'又作《武》，其卒章曰：'耆定尔功⑭。'其三曰：'铺时绎思，我徂惟求定⑮。'其六曰：'绥万邦，屡丰年⑯。'夫武，禁暴、戢兵、保大、定功、安民、和众、丰财者也。故使子孙无忘其章。今我使二国暴骨，暴矣；观兵以威诸侯，兵不戢矣；暴而不戢，安能保大？犹有晋在，焉得定功？所违民欲犹多，民何安焉？无德而强争诸侯，何以和众？利人之几⑰，而安人之乱，以为己荣，何以丰财？武有七德，我无一焉，何以示子孙？其为先君宫，告成事而已⑱。武非吾功也。古者明王伐不敬，取其鲸鲵而封之⑲，以为大戮，于是乎有京观，以惩淫慝⑳。今罪无所，而民皆尽忠以死君命，又可以为京观乎？"祀于河，作先君宫，告成事而还。

注 解

①熊负羁：楚大夫。知罃：知武子，知庄子即荀首之子，字子羽。
②厨武子：魏錡，封于厨地，因此又称厨武子。　③菆(zōn)：好箭。
房：箭房，即箭袋。古代射手箭房在背，知庄子每次射箭，每次从背
部抽出箭矢，若拿出的是好箭，就放进魏錡的箭袋，以备用时抽取。
④非：不。之：宾语前置标志，不求求，而爱箭。蒲：蒲柳，是制箭
杆的材料。　⑤董泽：在今山西闻喜县东北，产蒲。　⑥胜：尽。
既：取。　⑦苟：随便。连尹：官名。襄老：人名。公子谷臣：楚
王之子。　⑧不能军：不成队伍。终夜有声：军队叫嚣，没有纪律。
⑨重：辎重。　⑩衡雍：在今河南原阳县。　⑪盍：何不。武军：
收敌军尸体战车堆起封土，并建造高高的木牌书写军功。　⑫京观：
高丘，坟山。　⑬所引诗见《诗·周颂·时迈》。载：句首助词，
无义。戢(jí)，收藏兵器。櫜(gāo)，装弓的包，在此作动词，把
弓放到弓包里。懿：美好。肆，陈设。夏，乐歌名。允：语首助词。
⑭所引诗见《诗·周颂·武》。耆：致。全句意为：武王伐纣，以致
保定下他的功业。　⑮所引诗见今《诗·周颂·赉》。铺：今诗作
"敷"，布。绎，陈。布与陈意思相近，重复只为强调。思，语末助词。
徂：往。　⑯所引诗见《诗·周颂·桓》。绥：安。　⑰几：危。
⑱成事：战胜。　⑲鲸鲵：海中大鱼，此喻指大好大恶。　⑳淫
慝(tè)：不敬。

【今译】

　　楚熊负羁活捉了知罃。荀首带着他的部族撤回，魏錡驾驭战车，
下军的将士大多跟从他。荀首每次射箭，拔出箭来，发现是好箭，
就放进魏錡的箭袋里。魏錡生气地说："不去救自己的儿子却吝惜

箭,董泽地方的蒲柳,难道用得尽吗?"荀首说:"逮不到敌人的儿子,我的儿子难道能救回吗?这就是我不随意把好箭用掉的原因。"荀首射连尹襄老,得到他的尸体,就用战车载上。射得公子榖臣,并把他俘虏了。带着二者回去。

到黄昏,楚军在邲地扎营,晋国的残兵败卒已溃不成军,夜里渡河,整整一夜吵闹不停。

丙辰,楚军的辎重到达邲地,军队便驻扎在衡雍。潘党说:"君王何不在此地修筑武军,把晋军的尸体叠起来建立京观?臣子听说战胜了敌人一定要让子孙知道,让后代不忘记我们的武功。"楚庄王说:"这不是你所知道的。在文字,止戈是武。武王战胜商朝,作《颂》说:'收起干戈,藏好弓箭。我追求美好的德行,留传在这夏乐之中,希望王保全这夏乐中的美德。'又作《武》诗,它最后一章说:'武王伐纣,才定下他的功业。'但它的第三章说:'布陈文王勤劳的美德加以发扬,我去征讨只是求得天下安定。'而且它的第六章也说:'安抚万邦,常得丰年。'武力,是用来禁止强暴、停止战争、保持强大、巩固功业、安定人民、调和大众、丰富财物的。所以要让子孙不要忘记他的武功。如今我使得两国将士暴尸荒野,这是强暴;夸耀武力以威胁诸侯,并不能停止战争。强暴而又不能消弭战争,怎么能够保持强大?还有晋国在,怎么能巩固功业?所做违背人民愿望的还很多,人民怎会安定?没有德行而勉强争取诸侯拥戴,用什么调和大众?利用别人的危难,坐视别人的动乱,以此作为自己的荣耀,这怎么能使财物丰厚?武王有七德,我一个都没有，用什么来昭示子孙？还是修建先君的神庙，祭告战争胜利就行了。武力不是我的功勋。古时候贤明的君王讨伐无礼的国家，捕得它的首恶元凶，进行杀戮，并筑坟山示众，这才有了京观，以惩罚罪恶。如今晋国的罪恶无法确指，而他们的士兵是尽忠竭智，为君命而死，又怎能建造京观呢？"于是楚庄王在黄河边祭祀河神，修建先君的神庙，报告战争胜利然后回国。

【释义】

晋军将领人物图表：

晋军司马：韩厥（韩献子）

上军	中军	下军
主将：士会√（随季、随武子）（回话、撤军、有备无患）	主将：荀林父√（中行氏、桓子、桓伯）	主将：赵朔√（赵庄子，赵盾之子，晋成公女婿）
副将：郤克√（郤伯、郤献子）（有备无患）	副将：先縠×（原縠、彘子，先轸的后代）	副将：栾书√（栾伯、栾武子）
上军大夫	中军大夫	下军大夫
巩朔（巩伯、士庄伯）韩穿√（奉郤克命埋伏）	赵括×（屏括，赵衰的儿子，赵盾的异母兄弟）赵婴齐√（楼婴，赵衰的儿子，赵盾的异母兄弟）（有备无患）	荀首√（知庄子、知季，荀林父之弟）赵同×（原同、原叔，赵括、赵婴齐的兄弟）

√表示在军事态度上不愿与楚国起正面冲突的人

×表示在希望通过与楚国一战来保持晋国霸主地位的人

　　春秋中期，由晋文公开创的晋、秦联合对楚的局面，因崤之战的发生而改变。由于晋、秦关系恶化，相互攻战不息，秦联楚以抗晋，使晋丧失争霸的优势，楚则解除向中原推进的后顾之忧。此时，晋国卿权日重，诸卿相争，内政纷乱，国力有所减弱。而楚庄王即位后，在令尹孙叔敖辅佐下，发展生产，整顿政治，集中权力，改革军事，实力日益增强。楚庄王雄心勃勃，问鼎中原，与晋展开争夺中间地带的斗争，尤以地处中原要冲的郑国为争夺的焦点，由此孕育着晋、楚之间一场新的大战。

　　此次战役中晋军的失败，主要原因是将帅不和，指挥不统一，上面的"晋军将领人物图表"可见一斑。荀林父、士会的迟疑不进，正反映了他们对当时的国际形势有比较清醒的认识。但先毂坚持以偏师作战，赵同、赵括、赵旃、魏锜也要作战，荀林父无从指挥，陷于进不能、退不可的境地。军队的第一准则是服从，但即便在中军的主将和副将之间，军事战略都截然相反。这严重干扰了士气，使士兵乃至将领们无所适从，从而失去了必胜的决心和勇气。晋为救郑而来，但直到晋、楚两军隔河相望时，晋军统帅还在争论打不打的问题。荀林父提出待楚军退后，再行攻郑，实不失为制郑上策。但此策既不能实行，而全军已渡过黄河。渡河后，中军帅荀林父还举棋不定，明知魏锜、赵旃去楚营挑战，也不做战争准备。遭楚军攻打时，又张惶失计，不思退敌良策，终于导致全军溃败。

　　与晋军的茫然失措被动挨打不同的是，楚庄王仁心仁政，并不好大喜功。在晋军宣战时，楚庄王本欲退兵，在伍举的激将下才决定原地等待晋军。但也并未马上迎战，而是一请晋军退兵，二请和谈，礼遇有加。至于楚兵乐伯等人的单车挑战，不知是楚将的意思，还是楚兵疏于约束的个人行为。在两国因误会而战争且楚国大胜以后，楚庄王并未沾沾自喜、夸耀武功，而是在德行上反思，并认识到武力的目的是终止暴力。作为胜利者，楚庄王仍能将道德置于武力之上，也算不枉费王孙满一番"德之休明"的教诲。

邲之战的失败，虽使晋国在与楚国的争霸中暂处下风，但这并未损害晋国元气，所以晋国仍然有力量与楚对抗。邲之战只是晋楚三大战役的第二次，之后还有一次鄢陵之战。鄢陵之战标志着楚国对中原的争夺走向颓势。晋国虽然借此战重整霸业（晋悼公复霸），但对中原诸侯的控制力也在逐渐减弱。

宋及楚平

鲁宣公十四年（公元前595年）

【《左传》原文】

楚子使申舟聘于齐①，曰："无假道于宋。"亦使公子冯聘于晋②，不假道于郑。申舟以孟诸之役恶宋③，曰："郑昭、宋聋④，晋使不害，我则必死。"王曰："杀女，我伐之。"见犀而行⑤。

及宋，宋人止之⑥。华元曰⑦："过我而不假道，鄙我也⑧。鄙我，亡也。杀其使者，必伐我；伐我，亦亡也。亡，一也。"乃杀之。楚子闻之，投袂而起⑨，屦及于窒息，剑及于寝门之外，车及于蒲胥之市⑩。秋九月，楚子围宋。

注解

①楚子：楚庄王。申舟：楚国大夫，名无畏，字子舟，申是他的食邑。聘：派使节访问。　②公子冯：楚国公子。　③孟诸：宋国沼泽名，在今河南商丘东北。孟诸之役：指文公十年，宋昭公陪同楚穆王在孟诸打猎，违反军令，申舟当时担任执法官，责打宋昭公的御者。恶：得罪。　④昭：明事理。聋：不明事理，糊涂。　⑤女：通"汝"，你。见：引见，这指托付。犀：申犀，申舟的儿子，托付儿子，以示必死。⑥止：扣留。　⑦华元：宋国执政大臣。　⑧鄙我：把我们的国土当边邑。　⑨投袂（mèi）：拂袖。　⑩屦（jù）：麻做的鞋。及：追上。窒息：正寝室外的庭院，楚庄王当时在寝殿内，古人在室内不穿鞋子，所以他情急奔出，未及穿鞋。寝门：寝门在庭院外。蒲胥：地名，市在其中。

【今译】

楚庄王派申舟到齐国访问，说："不要向宋国借路。"同时，楚庄王又派公子冯到晋国访问，也不让向郑国借路。申舟因为在孟诸打猎时得罪了宋国，就对楚庄王说："郑国是明白的，宋国是糊涂的；去晋国的使者不会受害，而我却定会被杀。"楚王说："要是杀了你，我就攻打宋国。"申舟把儿子申犀托付给楚王然后就出发了。

申舟到了宋国，宋国就把他扣留了。华元说："经过我国而不向我们借路，这是把我们的国土当成了楚国的地边邑。把我国当成楚国的边邑，就是亡国。杀了楚国的使臣，楚国一定会攻打我们。攻打我们也是亡国，反正都是一样亡国。"于是便杀了申舟。楚庄王听到申舟被杀的消息，拂袖而起往外跑，随从人员追到正寝殿外的庭院才让他穿上鞋子，追到寝宫门外才让他佩上剑，追到蒲胥街市才让他坐上车子。这年秋天九月，楚庄王派兵包围了宋国。

鲁宣公十五年（公元前594年）

【《左传》原文】

宋人使乐婴齐告急于晋①，晋侯欲救之②。伯宗曰："不可，古人有言曰：'虽鞭之长，不及马腹③。'天方授楚，未可与争。虽晋之强，能违天乎？谚曰：'高下在心④。'川泽纳污，山薮藏疾，瑾瑜匿瑕⑤，国君含垢⑥，天之道也。君其待之。"乃止。

使解扬如宋，使无降楚，曰："晋师悉起⑦，将至矣。"郑人囚而献诸楚。楚子厚赂之，使反其言。不许。三而许之。登诸楼车⑧，使呼宋人而告之，遂致其君命⑨。楚子将杀之，使与之言曰："尔既许不谷，而反之，何故？非我无信，女则弃之，速即尔刑⑩！"

对曰："臣闻之：君能制命为义，臣能承命为信，信载义而行之为利。谋不失利，以卫社稷，民之主也。义无二信，信无二命。君子赂臣，不知命也。受命以出，有死无霣⑪，又可赂乎？臣之许君，以成命也。死而成命，臣之禄也⑫。寡君有信臣，下臣获考死⑬，又何求？"楚子舍之以归。

夏，五月，楚师将去宋，申犀稽首于王之马前曰："毋畏知死，不敢废王命，王弃言焉⑭！"王不能答。申叔时仆⑮，曰："筑室，反耕者⑯，宋必听命。"从之。宋人惧，使华元夜入楚师，登子反之床⑰，起之，曰："寡君使元以病告⑱，曰：'敝邑易子而食，析骸以爨⑲。虽然，城下之盟，有以国毙，不能从也⑳。去我三十里，唯命是听。'"子反惧，与之盟而告王。退三十里，宋及楚平。华元为质。盟曰："我无尔诈，尔无我虞。"

注解

①乐婴：宋国大夫。　②晋侯：晋景公。　③伯宗：晋国大夫。虽鞭之长，不及马腹：这是譬喻，意思是晋国虽强，但也不宜与楚国相争。　④高下在心：意思是遇事能屈能伸，心中有数。⑤薮（sǒu）：草木丛生的湖沼地带。疾：指害人的东西，毒蛇猛兽。瑾瑜：美玉。匿：隐藏。瑕：玉上的斑点。　⑥含垢：含耻忍辱。⑦解扬：晋国大夫。悉起：全部出发。　⑧楼车：设有瞭望楼的兵车。　⑨致：传达。意思是解扬违背了与楚国的约定并传达了晋景公的命令。　⑩即：接近。即刑：就刑，受刑。　⑪霣：同"陨"，坠落，这里指废弃。　⑫禄：福，福分。　⑬考死：死得其所。

⑭毋畏：即申舟。弃言：背弃诺言。　⑮申叔时：楚国大夫。仆：驾车。　⑯反：同"返"。反耕者：叫种田的人回来，分兵屯种，表示长期围困的决心。　⑰子反：楚军主帅公子侧。　⑱病：困乏，困难。　⑲易：交换。析：劈开。爨（cuàn）：烧火做饭。　⑳城下之盟：敌方兵临城下而被逼签订盟约。此句意为：宁愿民与国俱亡，也不签订城下之盟。

【今译】

宋国人派乐婴去晋国告急求援，晋景公想援救。伯宗说："不行，古人说过：'鞭子就算长，也不能到马腹。'上天正在保佑楚国，不能同它争斗。晋国虽然强盛，但怎么能违背天意？俗话说：'高高低低，都在心里。'河流湖泊能容纳污秽，山林草莽隐藏着毒虫猛兽，美玉隐匿着瑕疵，国君也可以忍受忍辱，这是天道。君王还是等一等吧。"晋景公便停止了出兵。

晋国派解扬到宋国去，叫宋国不要向楚国投降，并说："晋军已全部出发，快要到宋国了。"解扬路过郑国时，郑国人扣住解扬并把他献给楚国。楚庄王贿赂他，让他对宋国人传达相反的信息。解扬不答应。楚王再三劝诱，他才答应了。楚王让解扬登上楼车，叫他对宋人喊话说晋国不来救宋国，解扬却传达了晋君要宋人坚守待援的命令。楚庄王要杀解扬，派人对他说："你既然已经答应了我，却又违背诺言，是什么原因？这不是我不讲信用，而是你

我无尔诈，尔无我虞。

丢弃了它，快去接受你该受的刑罚吧！"解扬回答说："臣下听说过，国君制定正确的命令就叫义，臣子能奉行国君命令就叫信，信承载着义并推行它就能带来利。谋划不丢掉利益，以此捍卫国家，这才是百姓的主人。道义不能有两种诚信，讲求诚信不能接受两种命令。君王收买臣下，就是不懂'信无二命'的道理。我接受君命出使，宁可去死也不能背弃使命，难道可以用财物收买吗？我之所以答应君王，是为了完成我的使命。我死了而能完成使命，这是我的福分。我们国君有诚信的臣下，臣下又能死得其所，还有什么可求的呢？"楚庄王放了解扬，让他回国。

夏天五月，楚国军队要撤离宋国，申犀在楚庄王的马前叩头："父亲申舟明知会死，但不敢背弃君王的命令，现在君王您背弃了诺言。"楚庄王无法回答。楚臣申叔时正为楚王驾车，他说："修建屋子，把种田的人叫回来，宋国就一定会听从君王的命令。"楚王按他的话去做了。宋人害怕起来，派华元在夜里潜入楚营，登上主帅子反的床，把他叫起来说："我们国君派我来把宋国的困难告诉你，说：'敝国人已经在交换孩子杀了吃，劈开尸骨烧火做饭。即使如此，兵临城下被逼签订的盟约，就算让国家灭亡，也不能答应。如果你们撤离我国三十里，宋国就一切听命。"子反很害怕，就与华元定了盟誓，并报告了楚庄王。楚军退兵三十里，宋国与楚国讲和。华元当了人质。盟誓上说："我不欺你，你不骗我。"

鲁宣公十四年（公元前595年）

【《春秋》原文】

秋九月，楚子围宋。

鲁宣公十五年《公元前594年》

【《春秋》原文】

夏五月，宋人及楚人平。

【《公羊传》原文】

外平不书，此何以书？大其平乎已也。何大乎其平乎已？庄王围宋，军有七日之粮尔。尽此不胜，将去而归尔。于是使司马子反乘堙而窥宋城，宋华元亦乘堙而出见之。司马子反曰："子之国何如？"华元曰："惫矣。"曰："何如？"曰："易子而食之，析骸而炊之。"司马子反曰："嘻！甚矣惫！虽然，吾闻之也：围者柑马而秣之，使肥者应客，是何子之情也？"华元曰："吾闻之：君子见人之厄则矜之，小人见人之厄则幸之。吾见子之君子也，是以告情于子也。"司马子反曰："诺，勉之矣！吾军亦有七日之粮尔，尽此不胜，将去而归尔。"揖而去之，反于庄王。

庄王曰："何如？"司马子反曰："惫矣！"曰："何如？"曰："易子而食之，析骸而炊之。"庄王曰："嘻！甚矣惫！虽然，吾今取此，然后而归尔。"司马子反曰："不可。臣已告之矣，军有七日之粮尔。"庄王怒曰："吾使子往视之，子曷为告之？"司马子反曰："以区区之宋，犹有不欺人之臣，可以楚而无乎？是以告之也。"庄王曰："诺。舍而止。虽然，吾犹取此然后归尔。"司马子反曰："然则君请处于此，臣请归尔。"庄王曰："子去我而归，吾孰与处于此？吾亦从子而归尔。"引师而去之，故君子大其平乎己也。此皆大夫也，其称人何？贬。曷为贬？平者在下也。

【《春秋》今译】

鲁宣公十四年秋九月，楚庄王围攻宋国。

鲁宣公十五年夏五月，宋过人与楚国人讲和。

【《公羊传》今译】

一个国家在外面与别国讲和，《春秋》惯例是不记载的，这次为什么记载？是因为赞扬两国大夫自己主动讲和。为什么赞扬两国大夫自己主动讲和？原来，楚庄王围困宋国都城，军中只有七天的粮食了。这些粮食吃完了还不能取胜，就准备退兵回国。庄王于是派遣司马子反登上土山去窥探宋国都城，宋国华元也登上土山出城会见他。司马子反说："您的国家情况如何？"华元说："疲惫不堪。"司马子反说："如何疲惫？"华元说："交换孩子来杀了吃，劈开死人的骨头来烧火做饭。"司马子反说："唉呀！太疲惫了！

不过，我听说过：被围困的人即使把木头衔在马嘴里也要做出喂饲料的样子，还用肥壮的马儿来应对宾客。您为何却透露了真情呢？"华元说："我听说：君子看见人家的苦难就怜悯，小人看见人家的苦难就庆幸。我见您是位君子，所以向您报告实情。"司马子反说："好，努力干吧！我们的军队也只有七天的粮食了，这些粮食吃完了还不能取胜，就准备离开这里回国了。"说完作了一揖，就离开了华元，回去报告庄王。

庄王说："怎么样？"司马子反说："他们疲惫了。"庄王说："如何疲惫？"司马子反说："交换孩子来杀了吃，劈开死人的骨头来烧火做饭。"庄王说："唉呀！太疲惫了！虽然如此，我现在要拿下这座城邑，然后才回去。"司马子反说："不行。下臣已经告诉他，军中只有七天的粮食了。"庄王生气地说："我派你前去观察他们的情况，你为什么告诉他？"司马子反说："以小小的宋国，还有不欺骗人的臣子，为什么楚国就没有呢？所以告诉了他。"庄王说："好，盖起营房住下。虽然如此，我还是要拿下这座城邑，然后回去。"司马子反说："那么君王请住在这儿，下臣请求回去了。"庄王说："你离开我回国，我和谁留在这里呢？我也跟着你回去好了。"于是，楚王就带领军队离开了宋国。所以君子尊重两国大夫自己主动讲和。司马子反和华元都是大夫，为什么《春秋》以"人"来称呼他们呢？是贬低的意思。为什么贬低？是因为讲和的人处在下位的原故。

【释义】

邲之战之后的两年，楚国又一次攻打中原国，不同的是，上次是郑国，这次是宋国。

两年前，郑国向晋国求救，赶来的晋国为了霸主的面子与楚国开战，想一展雄风，不料今非昔比，一败涂地，连逃跑都要楚国人帮忙出谋划策。这次，宋国又向晋国求救，晋景公本欲再次出兵，却被解扬拦下，原因是楚国如日中天，不可与之争锋。显然，解扬是吃一堑长一智，在邲之战之后意识到了楚国的强大，并劝阻晋景公意气用事，再次损兵折将。

但晋国曾称霸中原，是传统大国，在周边小国的心目中仍存有国际警察的印象。这形象意味着权力，同时也意味着义务。晋国有保护属国的责任，也有维护形象的使命。双重压力下，晋景公派解扬带着晋国将出兵的假消息来到宋楚战场。他寄希望于假消息能振奋宋军的士气，同时也逼退围困已久、后方空虚的楚军。一番挫折后，解扬如愿传达了信息。解扬虽然欺骗了楚王，但义正词严、言之凿凿。在解扬强烈的道德优越感面前，楚庄王再施恩惠，释放了他，心下已有退兵的念头。无奈君子一言，驷马难追，为死在宋国的楚使申舟报仇的诺言无法更改。曾建议庄王归还陈国的申叔时更是出了个刁钻主意，让楚兵建屋种田，以示久战之心。道高一尺魔高一丈，宋国以为有晋国撑腰足以吓走楚国，但楚国竟不惧怕这亮出的底牌。

之后的故事就千奇百怪了：

《公羊传》中，宋将华元和楚将子反像拉家常一样谈各自军队的情况，最终由子反请求庄王同意谈和。教化的痕迹太明显，以致有违常理。

《吕氏春秋·行论篇》记载："宋公肉袒、执犠、委服告病，曰：'大国若宥图之，惟命是听。'庄王曰：'情矣，宋公之言也！'乃为却四十里，而舍于卢门之阖，所以为成而归也。"俨然是郑襄公肉袒牵羊的再版。

《史记·楚世家》记载"华元出告以情，庄王曰：'君子哉！'遂罢兵去。"其中的楚庄王秉承了欣赏敌人人格魅力的特点，最终退兵。

《史记·宋世家》记载："华元乃夜私见楚将子反。子反告庄王……庄王曰：'诚哉言！我军亦有二日粮。'遂罢兵去。"这个版本最符合战争逻辑，敌我双方都已山穷水尽，此时，和谈是最好的结果。

与之相比，《左传》的版本"华元登床劫子反"是最有传奇色彩的，简直有后世武侠的风味了。《春秋左传注》在这句下也评论说："华元何以夜得入楚师且直登子反之床，后人颇有猜测。"可见，此段留白带给后人多少遐想的空间。

在这样的版本对读中，《左传》的风格清晰可见，韩愈曾评论说《春秋》谨严，《左传》浮夸"，说的就是类似的语段吧。《晋灵公不君》中，荒淫任性的晋灵公觉得直言劝谏的大臣赵盾碍事，就派晋国力士鉏（chú）麑（ní）刺杀赵盾。鉏麑一大早就去了赵盾的家，只见卧室的门开着，赵盾穿戴好礼服准备上朝，时间还早，他和衣坐着打盹儿。鉏麑感叹地说："这种时候还不忘记恭敬国君，真是百姓的支柱啊。杀害百姓的支柱是不忠；背弃国君的命令，是失信。这两条当中占了一条，还不如去死！"于是，鉏麑"触槐而死"。《左传》的作者如何得知鉏麑死前的自言自语？这一直为后人所诟病，也是《左传》"浮夸"的一个例证。

心忍气盛

吴王阖庐初建霸

继楚庄王之后，又一位长江流域的诸侯王成为新霸主，这就是吴王阖庐。

春秋诸霸中，吴王阖庐是唯一一位弑主自立的。但他也任用贤良，励精图治，把落后的蛮夷国家治理得蒸蒸日上。"十年生聚，十年教训"之后，他又开疆征战，甚至攻入楚国都城。

弑君、纳贤、开战，这些故事集合起来，我们看到一个野心勃勃的、锋芒毕露的吴国君主，他带领吴国到达全盛时期，成就了一世英名，但他强烈的占有欲和扩张欲望也导致了自己的死亡以及吴国后来的衰败。心忍气盛，可谓是阖庐兴国和败国的双刃剑。

申公巫臣如吴

鲁成公七年（公元前584年）

【《左传》原文】

楚围宋之役^①，师还，子重请取于申、吕以为赏田^②。王许之。申公巫臣曰："不可。此申、吕所以邑也，是以为赋^③，以御北方。若取之，是无申、吕也，晋、郑必至于汉^④。"王乃止。子重是以怨巫臣。子反欲取夏姬，巫臣止之，遂取以行^⑤，子反亦怨之。及共王即位，子重、子反杀巫臣之族子阎、子荡及清尹弗忌及襄老之子黑要^⑥，而分其室^⑦。子重取子阎之室，使沈尹与王子罢分子荡之室，子反取黑要与清尹之室。巫臣自晋遗二子书，曰："尔以谗慝贪惏事君^⑧，而多杀不辜，余必使尔罢于奔命^⑨以死。"

巫臣请使于吴，晋侯许之。吴子寿梦说之。乃通吴于晋，以两之一卒适吴⑩，舍偏两之一焉⑪。与其射御，教吴乘车，教之战陈，教之叛楚。寘其子狐庸焉，使为行人于吴。吴始伐楚、伐巢、伐徐，子重奔命。马陵之会，吴入州来，子重自郑奔命。子重、子反于是乎一岁七奔命。蛮夷属于楚者，吴尽取之，是以始大，通吴于上国⑫。

注解

①围宋之役：详见第四单元的最后一个故事"宋及楚平"。　②申、吕：姜姓国，今河南南阳市西，为楚国所灭。　③申公巫臣：巫臣是申县的令尹，故称申公巫臣。因为他姓屈，所以又称巫屈。赋：兵赋。申、吕土地都为公家所有，两地上缴的赋税都为军事所用。④汉：汉水，即楚地。　⑤遂取以行：鲁成公二年，申公巫臣自己反而娶了夏姬逃到晋国。　⑥清尹：官名。子阎、子荡、弗忌、都是巫臣的同族。襄老：夏姬在楚国的丈夫，也是邲之战中被荀首射杀的连尹襄老。黑要：连尹襄老的儿子。　⑦室：家财。　⑧贪惏：贪婪。　⑨罢：通"疲"。奔命：奉命奔驰。　⑩两之一卒：合两偏成为一卒之车，即兵车三十辆。适：到……去。　⑪舍：留下。偏两之一：十五辆战车。　⑫上国：中原诸国。

【今译】

楚军围攻宋国国都之后，楚军回国。子重请求取得申邑、吕邑的土地作为赏赐，楚庄王答应了。申公巫臣却说："不行。这申、吕两地之所以成为城邑，是因为从这里征发兵赋，来防御北方各国。如果私人占有它，这就没有申邑、吕邑了。晋国、郑国一定会攻到汉水。"楚庄王就不给子重。子重由此记恨巫臣。子反想要娶夏姬为妻，巫臣也阻止他，自己反而娶了夏姬逃到晋国。子反因此也怨恨他。等到楚共王即位，子重、子反杀了巫臣的族人子阎、子荡和清尹弗忌以及襄老的儿子黑要，并且瓜分他们的家产。子重吞取子阎的家产，让沈尹和王子罢瓜分子荡的家产，子反取得黑要和清尹弗忌的家产。巫臣从晋国写信给子重、子反两个人，说："你们用贪婪事奉国君，还杀了许多无辜的人。我一定让你们疲于奔命而死。"

巫臣请求出使吴国，晋侯同意了。吴王寿梦很喜欢他。于是巫臣使吴国和晋国结交，还带了三十辆晋国战车到吴国，留给吴国十五辆。他又送留给吴国弓箭射手和战车御者，教吴人驾驶战车，教他们作战的阵法担任，教他们背叛楚国。巫臣又把他的儿子狐庸安置在吴国，让他在吴国担任外交官。吴国开始攻打楚国，攻打巢国，攻打徐国。子重疲于奔命救援巢国和徐国。在马陵盟会的时候，吴军攻进州来。子重从郑国奉命奔去救援。子重、子反在这种情况下一年七次奔驰抵御吴军。属于楚国的蛮夷小国，吴国全部攻占下来。因此吴国开始强盛起来，使得吴国和中原诸国往来交好。

伍员奔吴

鲁昭公十九年（公元前523年）

【《左传》原文】

楚子之在蔡①也，郧阳封人之女奔之②，生大子建③。及即位，使伍奢为之师，费无极为少师，无宠焉，欲谮④诸王，曰："建可室矣⑤。"王为之聘于秦。无极与逆⑥，劝王取之。正月，楚夫人嬴氏至自秦⑦。

楚子为舟师以伐濮⑧。费无极言于楚子曰："晋之伯也⑨，迩于诸夏；而楚辟陋⑩，故弗能与争。若大城城父⑪，而置大子焉，以通北方，王收南方，是得天下也。"王说，从之。故大子建居于城父。

令尹子瑕聘于秦⑫，拜夫人也⑬。

石首县南。　　⑨伯：同"霸"。　　⑩辟陋：偏远。　　⑪城：筑城，动词。城父：楚国邑名，在今河南宝丰东四十里。　　⑫聘：古代诸侯之间遣使互相通问叫聘，小规模的聘叫问，通称聘问。　　⑬拜夫人：拜谢把夫人嫁给楚国

【今译】

楚平王在蔡国时，蔡国郧阳边境官员的女儿和他同居，生下太子建。到平王即位时，便派伍奢当太子建的老师，派费无极当少师。费无极未得宠信，想诬陷太子，说："太子建可以成家了。"楚平王从秦国为太子建聘得女子。费无极参与迎亲，却劝说楚平王自己娶这个女子。正月，楚平王的夫人嬴氏从秦国来到了楚国。

楚平王组建了水军以攻打濮。费无极对楚平王说："晋国之所以建立霸业，是因为接近中原诸国；而楚国位置偏僻，所以不能同晋国争锋。如果扩张城父的城墙，安排太子待在那里，以便和北方各国交往，君王攻取南方，这样就得到天下了。"楚平王很高兴，采纳了他的意见。因此，太子建就住在了城父。

令尹子瑕到秦国出访，拜谢秦国把秦女嫁给楚国。

鲁昭公二十年（公元前522年）

【《左传》原文】

费无极言于楚子曰："建与伍奢将以方城之外叛①，自以为犹宋、郑也，齐、晋又交辅之，将以害楚，其事集矣②。"王信之，问伍奢。伍奢对曰："君一过多矣③，何信于谗？"王执伍奢，使城父司马奋扬杀大子。未至，而使遣之④。三月，大子建奔宋。王召奋扬，奋扬使城父人执己以至。王曰："言出于余口，入于尔耳，谁告建也？"对曰："臣告之。君王命臣曰：'事建如事余。'臣不佞⑤，不能苟贰⑥。奉初以还⑦，不忍后命，故遣之。既而悔之，亦无及已。"王曰："而敢来⑧，何也？"对曰："使而失命，召而不来，是再奸也。逃无所入。"王曰："归。从政如他日⑨。"

注解

① 方城：地名，在楚国北部边境，今河南叶县南。　② 集：成。
③ 一过：一次过错，指夺太子之妻。　④ 城父：地名。司马：官名。奋扬：人名。奋扬受命，未至城父而使太子建先离开。　⑤ 佞（níng）：才。　⑥ 苟贰：随便怀有二心。　⑦ 奉初：接受头一次命令。还（xuán）：周旋。　⑧ 而：通"尔"，你。　⑨ 从政如他日：让奋扬像平时一样去工作。

【今译】

费无极对楚平王说。"太子建和伍奢准备率方城以外的人造反，自以为像宋国和郑国一样，齐国和晋国如果又帮助他，那么他们将会威胁楚国，他们的事情就要成功了。"楚平王听信了他的话，责问伍奢。伍奢答道："君王错过一次已很过分了。为什么还相信谗言？"楚平王把伍奢抓了起来，派城父司马奋扬去杀太子建。奋扬还没有到城父，便先派人让太子建逃走。三月，太子建逃往宋国。楚平王召来奋扬，奋扬让城父大夫逮捕自己回到郢都。楚平王说："话出自我的口中，进入你的耳朵，谁告诉太子建的？"奋扬回答说："是臣下告诉他的。君王曾命令臣下说：'事奉太子建要和事奉我一样。'臣下不才，不能随便怀有二心。臣下照当初您的命令对待太子，不忍心执行后来的命令，所以送走了太子。不久臣下又后悔，但来不及了。"楚平王说："你还敢回来，为什么？"奋扬回答说："接受命令而没有完成，被召见还不来，就是第二次犯错误了。臣下就是逃走也无处可去。"楚平王说："回去吧，还像从前一样工作。"

【原文】

无极曰："奢之子材①，若在吴，必忧楚国②，盍以免其父召之。彼仁，必来。不然，将为患。"王使召之，曰："来，吾免而父。"棠君尚谓其弟员曰③："尔适吴，我将归死。吾知不逮④，我能死，尔能报。闻免父之命，不可以莫之奔也；亲戚为戮，不可以莫之报也。奔死免父，孝也；度功而行，仁也⑤；择任而往，知也⑥；知死不辟，勇也。父不可弃⑦，名不可废⑧，尔其勉之⑨，相从为愈⑩。"伍尚归。奢闻员不来，曰："楚君、大夫其旰食乎⑪！"楚人皆杀之。

员如吴，言伐楚之利于州于⑫。公子光曰⑬："是宗为戮，而欲反其仇⑭，不可从也。"员曰："彼将有他志⑮，余姑为之求士，而鄙以待之。"乃见鱄设诸焉而耕于鄙⑯。

注 解

①材：通"才"，有才能。　②必忧楚国：必使楚国忧。　③棠：楚国邑名，在今河南遂平西北。尚：伍尚，当时任棠邑大夫。员：伍员。伍尚、伍员皆伍奢儿子。　④逮（dài）：及。不逮：才能不及伍员。　⑤度（duó）：估计。估计有功而行，才算是仁。　⑥知：同"智"。选择重任而前往，这是智。　⑦害怕回去就是抛弃父亲。　⑧一起赴死就是废弃名声。　⑨其：还是。　⑩从：听从我的意见。愈：胜。　⑪旰（gàn）：晚。楚国将有吴忧，不能按时吃饭。　⑫州于：吴王僚。　⑬公子光：其后为王，即吴王阖庐。　⑭反其仇：报其仇。　⑮他志：别的用心，指想杀吴王僚夺位。　⑯鄙：退居郊野。见：引见。鱄（zhuān）设诸：吴国勇士，设是助词，类似"介之推"的"之"，所以《史记·刺客列传》中称之为专诸，专诸刺王僚。

【今译】

费无极说："伍奢的儿子很有才能，如果在吴国，一定会使楚国担忧，为什么不以赦免他们父亲的名义召他们回来呢？他们有仁义，必定会回来。要不然，他们就会成为祸患。"楚平王派人去征召他们，说："回来，我就赦免你们的父亲。"棠邑大夫伍尚对弟弟伍员说："你去吴国，我准备回去送死。我的才智不如你，我能为父亲而死，你能为父亲报仇。听到赦免父亲的命令，不能不赶快回去；亲人被杀戮，不能没人报仇。赴死而使父亲得到赦免，这是孝顺；估计能成功与否而行动，这是仁义；选择重任并前往，这是明智；明知必死而不躲避，这是勇气。父亲不可以抛弃，名誉不可以废弃，你还是努力吧！听从我的意见吧，这样更好。"伍尚回去了。伍奢听说伍员没有回来说："楚国君王和大夫恐怕不能按时吃饭了！"楚平王把伍奢和伍尚都杀了。

　　伍员到了吴国，向吴王僚说明攻打楚国的好处。公子光说："他的家族被杀戮，他想报私仇，不能听他的话。"伍员说："他有别的念头，我姑且为他搜罗人才，在乡间住下等待机会。"于是，他把鱄设诸推荐给公子光，而自己却在乡下种田。

鲁昭公二十六年（公元前516年）

【《左传》原文】

　　九月，楚平王卒。令尹子常欲立子西[①]，曰："太子壬弱[②]，其母非適也[③]，王子建实聘之。子西长而好善。立长则顺，建善则治。王顺、国治，可不务乎？"子西怒曰："是乱国而恶君王也[④]。国有外援⑤,不可渎也⑥;王有適嗣,不可乱也。败亲速雠⑦,乱嗣不祥;我受其名⑧,赂吾以天下,吾滋不从也,楚国何为? 必杀令尹! ”令尹惧,乃立昭王。

注解

①子西:平王庶子,年长。　②壬:太子名。太子壬即鲁昭公十九年楚平王所娶的秦国女所生。秦国女本是为太子建所聘的夫人后楚平王听信费无极谗言而自娶之。弱:幼。　③適:通"嫡"。　④恶:动词,彰示楚平王之恶。　⑤外援指秦。　⑥渎:怠慢。　⑦亲:子西的父亲楚平王。因为楚平王娶了儿媳,所以废了他们的太子,这是败坏楚平王的名声。速:招来。仇:指秦国。废了秦姓的太子,秦国会来讨伐。　⑧受其名:受恶名。

【今译】

九月,楚平王死。令尹子常想要立子西为君,说:"太子壬年纪小,他母亲不是正妻,而是王子建所聘的。子西年长又善良,立年长的就顺乎情理,扶持向善的君主国家就安定。君王合乎道理、国家太平安定,能不那么做吗? "子西生气地说:"这是扰乱国家、彰示君王的丑事。国家有外援,不可以轻慢;君王有嫡出的继承人,不能混乱。败坏亲人、召来仇敌、扰乱继承人,这是不祥。我会蒙受恶名。就算把全天下都给我,我也不会听从,楚国有什么用? 一定要杀了令尹。"令尹恐惧,就立了昭王。

【释义】

这个故事中，吴越大战中的重要人物伍子胥正式亮相。

这是一个小人与君子的故事，小人是费无极，而君子是伍子胥的父亲伍奢。无奈的是，历史从春秋重复到现在：小人得志，君子丧身；小人猥琐至极，却平步青云；君子振振有词，却殒命黄泉；小人还搭上君子的历史顺风车，"雁过留声，人过留名"，虽然一个是骂名，一个是美名，但像打了包一样，都被历史记住了。

这也是一个复仇的故事，关于复仇，孔子和老子看法不同。老子说"报怨以德"，孔子说"以德报德，以直报怨"。对于这两种态度，人们根据自己的人生体验和价值观都会有所取舍。但无论选哪种，都难免过犹不及。以德报怨过于迂腐，执著于狭隘的道德；以怨报怨又显得刻薄，对人不够宽容。好在伍奢有两个儿子，伍尚和伍员，于是就可以两者兼取。对于杀父之仇，伍尚报以德，伍员报以直。作为观众，我们很满足地看到两种选择同时呈现在眼前，它们平行发展，没有冲突，也不需要纠结，道德的力量感和快意恩仇就这样愉快地一个都不缺。有趣的是，道德的伍尚充满了道德的力量，正直刚毅，以死明志，无懈可击，但他所带来的阅读刺激感和快感却不及快意恩仇、"以直报怨"的伍员。伍员奔吴所带来的历史连锁效应，让人血脉贲张、摩拳擦掌。伍员奔吴看似是一个个人性的行为，但其实拉开了吴越崛起和吴越大战的大幕，这场大戏即便是蒙童们都耳熟能详，但阅读最早的历史文献记载仍让人兴奋不已。

最后说一下结构，历史和叙述一样，有趣处就在于"草蛇灰线，伏脉千里"。那个被小人费无极撺掇着嫁给楚平王的秦国嬴氏女，无意中逼走了原来的相公太子建，害死了伍奢父子，还一定程度上导致了楚国的衰亡，但成也萧何败萧何，最终拯救楚国于危难之中的正是嬴氏女的娘家秦国。聪明的子西正是看到与强国联姻的好处，再加上明哲保身，不趟政治混水，断然地拒绝了令尹子常希望他继位的建议。

鱄设诸刺王僚

鲁昭公二十年（公元前522年）

【《左传》原文】

乃见鱄设诸焉而耕于鄙①。

鲁昭公二十七年（前五一五年）

【《左传》原文】

吴子②欲因楚丧而伐之，使公子掩余、公子烛庸帅师围潜③，使延州来季子聘于上国④，遂聘于晋，以观诸侯。楚莠尹然、工尹麇帅师救潜⑤，左司马沈尹戌帅都君子与王马之属以济师⑥，与吴师遇于穷⑦，令尹子常以舟师及沙汭而还⑧。左尹郤宛、工尹寿帅师至于潜，吴师不能退。

注　解

①见：引见。鱄(zhuān)设诸：吴国勇士，亦作专诸，专诸刺王僚。鄙：乡野。　②吴子：吴王僚。因：乘机。楚丧：指楚平王之死。　③公子掩余、公子烛庸：吴王僚的同母兄弟。潜：楚国地名，在今安徽霍山县南。　④延州来季子：即吴公子季札，封于延陵、州来，故称延州来季子。延陵，今江苏常州市。上国：指中原各国。　⑤莠尹、工尹：楚官名。然、麇(jūn)：人名。　⑥沈尹戌：沈：地名。尹：官名。戌：人名。都君子：亲军。王马之属：为吴王养马的官属。　⑦穷：今安徽霍丘县西。　⑧沙汭(ruì)：位于楚国东部，在今安徽省怀远县东北。

【今译】

鲁昭公二十年，伍员将鱄设诸推荐给公子光。鲁昭公二十七年，吴王僚想要乘楚国有丧事的机会攻占它，派公子掩余、公子烛庸率领军队围攻潜地，派季子到中原各国出使，季子于是出使到晋国以观察诸侯的态度。楚国莠尹然、工尹麇领兵救援潜地。楚国左司马沈尹戌率领都邑亲兵和国君养马的部属去增援楚军，在穷地与吴军相遇。令尹子常率领水军到沙汭而返回。楚国左尹郤宛、工尹寿率领军队到达潜地，吴国军队被阻无法撤退。

【原文】

吴公子光曰："此时也，弗可失也。"告鱄设诸曰："上国有言曰：'不索，何获？'我，王嗣也①，吾欲求之。事若克，季子虽至，不吾废也②。"鱄设诸曰："王可弑也③。母老子弱，是无若我何④？"光曰："我，尔身也⑤。"夏，四月，光伏甲于堀室而享王⑥。王使甲坐于道及其门，门、阶、户、席，皆王亲也，夹之以铍⑦。羞者献体改服于门外⑧。执羞者坐行而入⑨，执铍者夹承之，及体⑩，以相授也⑪。光伪足疾，入于堀室。鱄设诸置剑于鱼中以进，抽剑刺王，铍交于胸⑫，遂弑王。阖庐以其子为卿⑬。

季子至，曰："苟先君无废祀，民人无废主，社稷有奉，国家无倾，乃吾君也，吾谁敢怨⑭！哀死事生⑮，以待天命。非我生乱，立者从之，先人之道也。"复命哭墓⑯，复位而待⑰。吴公子掩余奔徐⑱，公子烛庸奔锺吾⑲。楚师闻吴乱而还。

苟先君无废祀，民人无废主，社稷有奉，国家无倾，乃吾君也，吾谁敢怨！

注解

①索：求。此句意为：不主动求取，就得不到王位。王嗣：王位继承人。《史记·吴世家》记载，吴王寿梦有子四人：诸樊、馀祭、馀昧、季札。季札很贤能，但不愿违礼被立为太子。于是诸樊为王，传位于馀祭，馀祭传馀昧，馀昧欲传位季札，季札逃，不肯立。吴人就把馀昧的儿子僚立为吴王。公子光是诸樊的儿子，是嫡长孙，自以为最应当被立为君主，所以一直心有不甘。　②克：能够完成。不吾废：宾语前置，倒装句，不废吾。　③弒（shì）：以下杀上曰弒。④是无若我何：倒装，我无若是何，我不知道拿他们怎么办。或也可将"是"解释为他们，将"若…何"理解为"拿…怎么办"，句意则为，他们不能拿我怎样，表示亲人不能阻止专诸，意欲托孤。　⑤我，尔身也：我，就是你。　⑥甲：士兵。崛（kū）室：地下室。享：宴请。⑦铍（pī）：剑。　⑧羞者：进献食品的人。献体：赤身露体。⑨坐行：膝行。　⑩夹承之：两人用剑夹着。及体：剑头触及身体。　⑪以相授也：一路上吴王僚的卫兵轮替着监视。⑫铍交于胸：鱄设诸抽剑刺王僚之时，王僚身边的卫兵也将剑刺入专诸的胸膛。　⑬阖庐：公子光。　⑭吾谁敢怨：倒装，吾敢怨谁。　⑮哀死：哀王僚。事生：事阖庐。　⑯立者：公子光。立者从之：服从立为人君的人。复命哭墓：到王僚目前哭立复命。⑰复位：复原位。侍：等待新君的命令。　⑱徐：国名，今安徽泗县北。　⑲锺吾：国名，今江苏宿迁县北。

【今译】

吴国公子光说："这是时机，不可错过。"他告诉鱄设诸说："中原的国家有话说：'不去追求哪有收获？'我，是王位的继承人，我就想要王位。事情如果成功，就算季子回来，也不能废弃我。"
鱄设诸说："君王可以杀。但是我母亲年纪大了，儿子还小，我不
知道拿他们怎么办！"公子光说："我，就是你。"夏季四月，公子
光在地下室埋伏甲士而设宴招待吴王僚。吴王派甲士坐在道路两旁，
一直到大门口。大门、台阶、内室门、坐席上都是吴王的亲兵，执
剑夹立着保护吴王。上菜的人在门外脱到赤身再改穿别的衣服。端
菜的人跪着进入，执剑的人用剑夹着他，剑尖几乎碰到身上，卫兵
就这样轮替着。公子光假装脚有病，进入地下室。鱄设诸把剑放在
鱼肚子里然后进入，抽出剑猛刺吴王，两旁亲兵的剑也交叉刺进鱄
设诸的胸膛。吴王僚于是被杀死了。阖庐任命鱄设诸的儿子为卿。

季子归来，说："如果先君的祭祀没有废弃，百姓没有废弃君
主，土地神有人奉奉，国家没有倾覆，他就是我的国君。我敢怨
谁？哀痛死者事奉生者，以等待天命。不是我发起了动乱，立为
国君的人我就服从，这是先人的常法。"季子到王僚的墓前哭泣复
命，然后回到自己原来的职位上等待新的安排。吴国公子掩馀逃
奔徐国，公子烛庸逃亡锺吾。楚军听说吴国动乱就回国了。

【释义】

这则故事中，吴王阖庐，即公子光正式亮相。他重用伍子胥
推荐的专诸，让他手刃自己的族人，当时的吴王僚。这一出场让
人过目难忘，是如此精彩而又残忍，这为阖庐后来的作为做了铺垫。

　　至于文中的鱄设诸，就是专诸，是一位刺客。刺客是春秋战国时期的一个特殊阶层，为后世所瞩目。西汉司马迁写《史记》特立《刺客列传》，收曹沫、专诸、豫让、聂政、荆轲五人。其中荆轲刺秦王的故事为人所熟知，但五人中，真正刺杀成功、并造成王位易主的只有专诸一人。事实上，荆轲若不学曹沫威胁齐桓，而学专诸一心弑主，中国的历史很可能就要改写。

　　专诸何许人也？为何能同时得到伍子胥和公子光的青睐？一心弑主是否意味着他粗鲁莽撞？对此《左传》未着一墨，《史记》也只记了一个"能"字，其"能"如何，篇中未言。《吴越春秋》里的记载也许能解答这个问题：

　　伍子胥刚逃亡到吴国时，半路上看见专诸正要和人打架，只见"其怒有万人之气，甚不可当"；而当他太太一声召唤，这专诸马上就息事回家。伍子胥觉得好玩，就问他转变如此迅速的原因。专诸的问答是："夫屈一人之下，必申万人之上！"伍子胥就此大为器重他，和他做了朋友。

　　与荆轲在燕太子丹门下的恣意放纵相比，专诸俨然是个更有原则的人，且收放自如。这种对情绪的控制能力大概就是伍子胥和公子光器重他的原因。

　　在这个故事里，专诸的义勇让人血脉贲张，而季札的反应则值得玩味。吴王寿梦有四个儿子：长诸樊，次馀祭，三夷昧，四季札，以季札最为贤明，寿梦有心传位给季札，但又不能违背长幼次序，就遗命令后王位传弟不传子，想最终要季札为王。没想到，诸樊、馀祭、夷昧依次为君后，轮到季札了，他却像吴国的祖先太伯一样躲避起来，不愿为君。国人只好立夷昧的儿子僚为王。专诸刺杀王僚之时，季札正出访中原各国。回国后发现大侄子派人杀了三侄子，于私于公他都没有追究公子光的责任。对他来说，只要"百姓没有废弃君主，土地五谷之神有人供奉，国家没有被倾覆"就够了。对他来说，一个社会的秩序只要能继续维持下去，谁执政并不是最重要的事情，本着国家安定的原则，季札到王僚的墓上汇报出使的情况，凭吊了一下，就恭恭敬敬地做起公子光的臣子来。在稳定和伦理之间，季札毫不犹豫地选择了前者，这一选择值得很多后世的人借鉴。

吴王阖庐入郢

鲁昭公三十年（公元前512年）

【《左传》原文】

吴子使徐人执掩余①，使锺吾人执烛庸，二公子奔楚。楚子大封而定其徙②，使监马尹大心逆吴公子，使居养③，莠尹然、左司马沈尹戍城之，取于城父④与胡田以与之，将以害吴也。

子西谏曰："吴光新得国，而亲其民，视民如子，辛苦同之，将用之也。若好吾边疆⑤，使柔服焉，犹惧其至。吾又强其雠⑥，以重怒之，无乃不可乎？吴，周之胄裔也⑦，而弃在海滨，不与姬通，今而始大，比于诸华。光又甚文⑧，将自同于先王。不知天将以为虐乎？使剪丧吴国而封大异姓乎？其抑亦将卒以祚⑨吴乎？其终不远矣。我盍姑亿⑩吾鬼神，而宁吾族姓，以待其归⑪，将焉用自播扬焉⑫？"王弗听。

注解

①吴子：吴王阖庐。　②楚子：楚昭王。大封：给予（掩余和烛庸）土地。定其徙：确定他们迁居的地方。　③监马尹：官名。大心：人名。养：楚国地名，当在今河南沈丘县东。　④莠尹：官名。然：人名。城：筑城。城父：楚国地名，在养的东北。胡：今阜阳市，在养的东南。　⑤好吾边疆：和吴、楚交界处的吴人修好。⑥其：吴军。至：来楚国。强其雠：使吴王的仇人强大，指给予掩余、烛庸土地一事。　⑦重怒：加重怒气。无乃：恐怕。吴自称是泰伯的后人。胄（zhòu）裔：后代。　⑧姬：中原姬姓国，如鲁、郑、卫、晋等。比于诸华：自比于文化发达之国，并非蛮夷落后之国。甚文：文化程度很高。　⑨天将以为虐：上天将使阖庐暴虐。祚：福。⑩亿：安。　⑪归：结果。　⑫用不着自己去费力。楚昭王的母亲秦国女于鲁昭公十九年到达楚国，因此楚昭王此时至多十一岁。子西是楚昭王的庶兄，令尹子常曾有意立子西为王。子西此时提的中肯意见被昭王拒绝。

【今译】

　　吴王让徐国人逮捕掩馀，让锺吾人逮捕烛庸。两个公子逃亡到楚国，楚昭王封给他们土地并确定他们迁居之所。楚昭王派监马尹大心迎接吴国公子，让他们居住在养地。派莠尹然、左司马沈尹戌在那里筑城，从城父和胡地划拨土地给他们，准备用他们危害吴国。

　　子西劝谏楚昭王说："吴公子光新近得到国家，他关爱民众，把民众看成像自己的儿子一样，和民众同甘共苦，这是准备使用他们。即使和吴国边境上的人友好，使他们柔服，我们仍然害怕吴军的到来。我们使他们的仇人强大，以加重他们的愤怒，这恐怕不可以吧！吴国，是周朝的后代，被抛弃在海滨，不和姬姓各国相交通。现在吴国才刚刚开始强大，自认不下于中原各国，吴公子光又很有知识，准备使自己等同于先王。不知上天将使他暴虐，使他自灭吴国而扩大周边异姓国的土地呢？还是将最终赐福吴国呢？天意的结果不久会显现。我们何不姑且安定我们的神灵，抚育我们的百姓，以等待它的结果。哪里用得着自己费力呢？"楚王不听。

【原文】

　　吴子怒。冬，十二月，吴子执锺吾子①。遂伐徐，防山以水之②。己卯，灭徐。徐子章禹断其发③，携其夫人以逆吴子。吴子唁④而送之，使其迩臣⑤从之，遂奔楚。楚沈尹戌帅师救徐，弗及。遂城夷⑥，使徐子处之。

　　吴子问于伍员曰："初⑦而言伐楚，余知其可也，而恐其使余往也，又恶人之有余之功也。今余将自有之矣。伐楚何如？"对曰："楚执政众而乖⑧，莫适任患⑨。若为三师以肄焉⑩，一师至，彼必皆出。彼出则归，彼归则出，楚必道敝⑪。亟肄以罢之⑫，多方以误之。既罢而后以三军继之，必大克之。"阖庐从之，楚于是乎始病。

注 解

①锺吾子：锺吾国的国君。　②防山以水之：堵住山上的水并灌向徐国。　③章禹：徐国国君的名字。断发：吴人头发短，徐国国君断发表示跟从吴国风俗，即表屈服。　④逆：迎接。唁（yàn）：慰问。　⑤迩臣：近臣。　⑥夷：城父。　⑦伍员建议伐楚，详见上文鲁昭公二十年事。　⑧乖：不和。　⑨莫适任患：没有专人负责，即没有敢于承担责任的人。　⑩肄（yì）：此处读为"肆"，意为突然袭击而又退回。　⑪道敝：疲困于行军。　⑫亟（qì）：屡次。罢：通"疲"。

【今译】

　　吴王大怒，冬季十二月，吴王抓了锺吾的国君。然后进攻徐国，堵住山上的水浸灌徐国。己卯，吴军灭徐国。徐国国君章禹剪断自己头发，带着他夫人，来迎接吴王。吴王慰问并送走了他，让他的近臣跟着，于是逃到楚国去。楚国沈尹戌率军援救徐国，但没赶得及，于是就在夷地筑城，让徐国国君住在那里。

吴王向伍员询问说："当初你说进攻楚国，我知道是可行的，可是害怕他们派我前去，又不愿意吴王僚占有我的功劳。现在我将自己拥有这份功劳了，进攻楚国怎么样？"伍员回答说："楚国执政的人多，彼此又不和睦，没有人敢承担责任。如果组织三支部队袭击他们又快速撤退。一支军队进攻，他们的军队一定都出来应战。他们出来，我们就退回，他们回去，我们就出击，楚国来回行军一定疲于奔命。屡次突袭快撤使他们疲劳，通过多种方法使他们失误，等他们疲乏了，我们率领三军继续出击，一定大胜他们。"吴王阖序采纳了他的意见，楚国从此就开始困顿了。

鲁昭公三十一年（公元前520年）

【《左传》原文】

秋，吴人侵楚，伐夷，侵潜、六①。楚沈尹戌帅师救潜，吴师还。楚师迁潜于南冈②而还。吴师围弦③，左司马戌、右司马稽帅师救弦④，及豫章，吴师还。始用子胥之谋也。

鲁定公四年（公元前506年）

【《左传》原文】

伍员为吴行人⑤以谋楚。楚之杀郤宛也⑥，伯氏之族出⑦。伯州犁之孙嚭为吴大宰⑧以谋楚。楚自昭王即位，无岁不有吴师，蔡侯因之，以其子乾与其大夫之子为质于吴。

冬，蔡侯、吴子、唐侯伐楚，舍舟于淮汭⑨。左司马戌谓子常曰："子沿汉而与之上下，我悉方城外⑩以毁其舟，还塞大隧、直辕、冥厄⑪。子济汉而伐之，我自后击之，必大败之。"既谋而行。武城黑⑫谓子常曰："吴用木也，我用革也⑬，不可久也，不如速战。"史皇⑭谓子常："楚人恶子而好司马⑮。若司马毁吴舟于淮，塞城口⑯而入，是独克吴也。子必速战！不然，不免。"乃济汉而陈，自小别至于大别⑰。三战，子常知不可，欲奔。史皇曰："安求其事⑱；难而逃之，将何所入？子必死之，初罪必尽说⑲。"

注解

①夷：即城父，上文中楚国安置徐国君主的地方。潜：楚国地名，在今安徽省霍山县南，吴王僚曾派公子掩余、公子烛庸包围潜地。六：今安徽六安县北。　②南冈：今安徽省霍山县北，距离沈较近。③弦：今河南息县南。　④二司马皆楚官。戌，沈尹戌。　⑤行人：外交官。　⑥子常听信谗言杀郤（xì）宛，事在鲁昭公二十七年（公元前515年）。　⑦伯氏之族：郤宛的同党，伯州犁之后代。出：出国。　⑧嚭，音pǐ。大宰，读太宰。　⑨淮汭（ruì）：淮水弯曲之处。　⑩悉方城外：发动方城以外的全部军队，损毁吴国的战船。　⑪大隧、直辕、冥厄：都是汉水东部的隘道。大隧：九里关。直辕：武胜关。冥厄：平靖关。　⑫武城黑：武城的大夫名黑。武城：楚国地名，今河南信阳市东北。　⑬用木用革都是指战车的材

质。吴国战车在木质外没有涂饰；楚国战国则在木战车表面涂了革和胶筋，虽然更坚固，但胶革不耐雨湿，所以说不能打持外战。⑭史皇：楚大夫。 ⑮司马：沈君戍。 ⑯城口：总指上述三条汉水东部的隘道。 ⑰陈：通"阵"列阵作战。小别、大别：即小别山、大别山，两山都位于淮水以南、汉水以北。 ⑱国家太平之时，希望能得到执政的职位。 ⑲说：通"脱"。如果能战死，那么之前的罪都能被饶恕。

【今译】

鲁昭公三十一年秋天，吴军侵袭楚国，进攻夷地，侵袭潜、六两地。楚国沈尹戍率领军队救援潜地，吴军退军。楚国军队迁移潜地人到南冈然后回去。吴国军队包围弦地，左司马沈尹戍、右司马稽率军援救弦，到达豫章。吴国撤兵。吴王开始使用伍子胥的计策了。

鲁定公四年，伍子胥担任吴国的外交官，谋划着对付楚国。在这以前，楚国杀了左尹郤宛，郤宛的同党伯氏家族逃亡国外。伯州犁的孙子伯嚭逃到吴国后做了太宰，也在谋划着对付楚国。因此，楚国自从昭王即位后，每年吴国军队入侵。蔡昭侯趁吴、楚不和的时机，把自己的儿子乾和大夫的儿子送到吴国作为人质。

这年冬天，蔡昭侯、吴王阖庐、唐成公联合攻打楚国。吴军在淮汭停舟登陆。楚国左司马沈尹戍对令尹子常说："你沿着汉水上下堵截吴军，我发动方城以外的全部军队来毁掉淮水边上的吴军船只，回来时我再把大隧、直辕、冥厄三座关隘堵住。这时你渡过汉水从正面攻打吴军，我从他们背后夹击，这样一定会大败吴军。"已经谋划好了，两个人都按计谋开始行动。楚国武城大夫黑对子常说："吴国用木制的兵车，我们用革制的兵车，不能打持久战。不如速战速决！"楚国大夫史皇对子常说："楚国人都憎恨你而爱戴沈司马，要是沈司马在淮河毁掉吴军的船只，又回军把三座关隘堵住然后前进，这就被沈尹戌独占军功。你一定得赶快进攻，否则免不了要吃亏！"子常于是渡过汉水摆下阵势，从小别山一直到大别山。子常同吴军打了三次仗，知道战不胜，想逃跑。史皇说："国家太平时你希望掌管国政，国家危难时你却想逃跑，要逃到何处去呢？你一定要以身殉国，从前所犯的罪才能完全解脱！"

【原文】

十一月庚午，二师陈于柏举①。阖庐之弟夫概王晨请于阖庐曰②："楚瓦③不仁，其臣莫有死志。先伐之，其卒必奔；而后大师继之，必克。"弗许。夫概王曰："所谓'臣义而行④，不待命'者，其此之谓也。今日我死，楚可入也。"以其属五千先击子常之卒。子常之卒奔，楚师乱，吴师大败之。子常奔郑。史皇以其乘广死⑤。

吴从楚师，及清发⑥，将击之。夫概王曰："困兽犹斗，况人乎？若知不免而致死，必败我。若使先济者知免，后者慕之，蔑有斗心矣。

半济而后可击也。"从之，又败之。楚人为食，吴人及之，奔。食而从之⑦，败诸雍澨⑧。五战，及郢⑨。

己卯，楚子取其妹季芈畀我⑩以出，涉睢⑪。鍼尹固与王同舟⑫，王使执燧象以奔吴师⑬。

庚辰，吴入郢，以班处宫⑭。子山⑮处令尹之宫，夫概王欲攻之，惧而去之，夫概王入之。

注解

①柏举：今湖北麻城县。　②阖庐的弟弟夫概王早晨向阖庐请示。　③瓦：囊瓦，即子常。　④臣义而行：臣子见事情合宜就去做。　⑤兵车十五乘为一广。以乘广死：死于作战。　⑥清发：水名。　⑦食而从之：吴军把楚军做好的饭吃了，然后又继续追击。　⑧败：楚人击败吴人。雍澨：今湖北京山县。　⑨郢（yǐng）：楚都。　⑩季芈（mǐ）畀我：季表示排行老四，芈是其姓，畀我是名。　⑪睢：河道名，至湖北枝江县入江。　⑫鍼尹：官名。固：人名。　⑬燧：火燧。在大象尾部系上火把，迫使大象冲入吴军使之奔逃。　⑭依照尊卑，入住相应的楚国宫室。　⑮子山：吴王的儿子。

【今译】

十一月庚午，吴、楚两军在柏举列阵。吴王阖庐的弟弟夫概王早晨向阖庐请示说："楚国令尹子常不仁，他的部下没有死战的决心。我们先发动进攻，他的士兵一定会逃跑。然后我们的大军接着追击，一定能获得全胜。"阖庐不赞成。夫概王说："常言：'做人臣认为事情合理就去做，不必等待君命'，说的就是现在这种情况了。今天我死战，楚都便可以攻入。"于是，夫概王率领他的部下五千人，先攻打子常的队伍。子常的军队溃败，整个楚军混乱了，吴军把楚军打得大败。楚国令尹子常逃到郑国。史皇率领着子常的残余战车和士卒战死。

吴军追赶楚军，到了清发河边，正要攻打楚军。夫概王说："被围困的野兽还要搏斗，何况人呢？如果楚军知道不免一死，那他们一定会把我们打败。如果使先渡河的楚军知道一过河就可以免死，后渡河的必然羡慕他们，楚军就没有斗志了。等一半敌人渡过了河然后我们可以发动攻击！"照这样做，又打败了敌人。先渡过河的楚军正在煮饭，吴军又追到了。楚军又逃跑。吴军把楚军做好的饭吃了，然后又继续追击，在雍澨打败了楚军。这样经过五次战斗，吴军打到了楚国国都郢。

己卯，楚昭王带着妹妹畀我逃出郢。渡睢水时，楚臣鍼尹固跟楚王坐在一只船上，昭王让鍼尹固把火炬系在象尾上，使象冲击追赶的吴军才得脱险。

庚辰，吴军进入郢，各人按照官位高低住进楚官。吴王阖庐的儿子子山住进了令尹府；夫概王不服，要去攻打他，子山害怕，只得退出去，夫概王便住进了令尹府。

【释义】

吴王攻入郢都是吴国称霸的序曲，这对楚国来说也是致命的打击，造成这一结果，楚国也有多方面的原因：与伍员、申公巫臣等智士交恶，楚昭王不顾大局、礼遇吴王僚的弟弟，子常想独占军功、不与沈尹戌合作等。当然，刚刚上位的的阖庐也希望借此机会一展身手、建立自己的国际影响力。为此，他招贤纳士，除了重用身负杀父之仇的伍子胥外，还任用了伯嚭和孙子。孙子本是齐国人，齐国内乱，他便隐居吴国，因伍子胥推荐而得见吴王阖庐。《史记·孙子吴起列传》中记载了两人第一次见面时"吴宫教战斩美姬"的故事：

孙武把宫女分为左右两队，指定吴王最为宠爱的两位美姬为左右队长。同时孙子还指派自己的驾车人和陪乘担任军吏，负责执行军法。但宫女们不听号令，捧腹大笑，队形大乱。孙武亲自击鼓，三令五申，宫女们仍然连笑不已。孙子便召集军吏，根据兵法，斩两位队长。吴王见孙武要杀掉自己的爱姬，马上派人传命说：寡人已经知道将军能用兵了。没有这两个美人侍候，寡人吃饭也没有味道。请将军赦免她们。孙武毫不留情地说："臣既然受命为将，将在军中，君命有所不受。"孙武执意杀掉了两位队长，任命两队的排头充当队长，继续练兵。当孙武再次击鼓发令时，众宫女前后左右，进退回旋，跪爬滚起，全都合乎规矩，阵形十分齐整。阖庐失去爱姬，心中不快。孙武便亲见阖庐说："令行禁止，赏罚分明，这是兵家的常法，为将治军的通则。对士卒一定要威严，只有这样，他们才会听从号令，打仗才能克敌制胜。"听了孙武的解释，吴王阖庐怒气消散，便拜孙武为将军。在孙武的训练下，吴军的军事素质有了明显提高，为阖庐争霸奠定了坚实的基础。作为一个君主，阖庐在个人利益和国家利益之间能做出正确的取舍，坐拥一个国家的资源，还能够抗拒私心，这是阖庐后来得以称霸的重要原因。

但是《吴越春秋》里还记载了另一个故事：

阖庐的女儿因和父亲斗气而自杀，阖庐心痛不已，为女儿大造坟墓，"凿地为池，积土为山"，又制作雕刻精美的石椁，并用金鼎、银樽、珠玉待珍宝作为随葬品。到了为女儿送葬那一天，阖庐令人一路舞着白鹤，吸引成千上万的市民跟随观看，到了墓地，阖庐"使男女与鹤俱入门，因塞之"，也就是下令将跟随观看的男女全部赶进地宫，然后塞上墓门。这些观鹤的百姓就这样毫不知情地被埋进坟墓，成了阖庐之女的殉葬者。这引起了很多人的反对。

从这个故事中，我们看到阖庐对民众的残忍。弑君、纳贤、开战、殉民，这些故事集合起来，我们看到一个野心勃勃的、锋芒毕露的吴国君主，他带领吴国到达全盛时期，成就了一世英名，但他的强烈的占有欲和扩张欲望也导致了自己的死亡，以及吴国后来的衰亡。心高气盛，可谓是阖庐兴国和败国的双刃剑。

申包胥哭秦庭

鲁定公四年（公元前506年）

【《左传》原文】

初，伍员与申包胥友①。其亡也，谓申包胥曰："我必复楚国②。"申包胥曰："勉之！子能复之，我必能兴之。"及昭王在随③，申包胥如秦乞师④，曰："吴为封豕长蛇⑤，以荐食上国⑥，虐始于边楚⑦。寡君失守社稷，越在草莽⑧，使下臣⑨告急曰：'夷德无厌⑩，若邻于君，疆场之患也。逮吴之未定，君其取分焉⑪。若楚之遂亡，君之土也；若以君灵抚之，也以事君。"

秦伯⑫使辞焉，曰："寡人闻命矣。子姑就馆，将图而告。"对曰："寡君越在草莽，未获所伏⑬，下臣何敢即安⑭？"立，依于庭墙而哭，日夜不绝声，勺⑮饮不入口七日。秦哀公为之赋《无衣》⑯。九顿首而坐。秦师乃出。

注 解

①申包胥：楚国大夫，包胥是字，申是他的食邑。　②复：同"覆"，颠覆。　③昭王：楚平王的儿子，名壬。随：诸侯国名。　④如：去，到，往。　⑤封：大。豕（shǐ）：野猪。　⑥荐：多次。食：侵食。　⑦虐：侵害，残害。　⑧越：流亡。　⑨下臣：指申包胥。　⑩夷：指吴国。德：这里指贪心。厌：满足。　⑪与吴共分楚地。　⑫秦伯：秦哀公。　⑬所伏：藏身之地，安身之地。　⑭即安：与上文"就馆"同义，去到安逸的居所。　⑮勺：量器，升的百分之一。　⑯《无衣》：《诗·秦风》中的篇名。首章"岂曰无衣？与子同袍，王于兴师，修我戈矛，与子同仇。"秦哀公以诗表心意，准备出兵作战。

【今译】

当初，伍员和申包胥是朋友。伍员出逃吴国的时候，对申包胥说："我一定要颠覆楚国。"申包胥说："努力吧！您能颠覆它，我就一定能使它复兴。"到了楚昭王在随国避难的时候，申包胥到秦国去请求援兵，他说："吴国是大猪长蛇，它多次侵害中原各国，危害从楚国开始。我们国君守不住自己的国家，流落在荒草野林之中，派遣臣下前来告急求救说：'吴国的贪心无法满足，要是吴国成为您的邻国，那就是您边界的危害。趁吴国人还没有把楚国平定，您还是去夺取一部分楚国的土地吧。如果楚国就此灭亡了，那就是君王您的土地了。如果凭借君王的威灵来安抚楚国，楚国也因此事奉君王。'"秦哀公派人婉言谢绝说："我听说了你们的请求。您暂且住进客馆休息，我们考虑好了再告诉您。"申包胥回答说："我们国君还流落在荒野，没有得到安身之所，臣下哪里敢去客馆休息呢？"申包胥靠着院墙痛哭，哭声日夜不停，连续七天没有喝一口水。秦哀公为申包胥作了《无衣》这首诗。申包胥连着叩头九次才坐下。于是，秦国出兵了。

鲁定公五年（公元前505年）

【《左传》原文】

申包胥以秦师至。秦子蒲、子虎①帅车五百乘以救楚。子蒲曰："吾未知吴道②。"使楚人先与吴人战，而自稷③会之，大败夫概王于沂④。吴人获薳射于柏举，其子帅奔徒⑤以从子西，败吴师于军祥⑥。

秋七月，子期、子蒲灭唐。

九月，夫概王归，自立也，以与王战，而败，奔楚，为棠谿氏⑦。吴师败楚师于雍澨。秦师又败吴师。吴师居麇⑧，子期将焚之，子西曰："父兄亲暴骨焉，不能收，又焚之，不可⑨。"子期曰："国亡矣，死者若有知也，可以歆旧祀⑩，岂惮焚之⑪？"焚之，而又战，吴师败，又战于公婿之谿⑫。吴师大败，吴子⑬乃归。

注解

①子蒲、子虎：秦大夫。　②道：术。吴道：吴人的战术。
③稷：楚国地名，今河南桐柏县境内。　④沂（yí）：楚地。
⑤奔徒：散兵游勇。　⑥军祥：楚地。　⑦夫概王奔楚，居棠谿，
称棠谿氏。棠谿：今河南遂平县西北。　⑧麇（jūn）：楚国地名。
⑨子西：楚昭王的庶兄。子期：伍员也颇忌惮的楚将。前年楚人与吴
打仗，多死于麇，因此说不可焚烧。暴，音pù。　⑩可：借为"何"。歆：
享。　⑪惮：惧怕。　⑫公婿之谿：楚地名。　⑬吴子：阖庐。

【今译】

　　申包胥带着秦国的救兵来了。秦国大夫子蒲、子虎率领战车五百辆来援救楚国。子蒲说："我们不了解吴军的战术。"叫楚军先跟吴军作战，秦军在稷地与吴军相遇，在沂地把夫概王打得大败。吴军在柏举俘虏了楚国大夫薳射，他的儿子带着败兵投奔子西的队伍，在军祥又击败了吴军。

　　七月，子期、子蒲灭了唐国。

　　九月，夫概王从前线回国，自立为吴王，与吴王阖庐大战失败，逃奔楚国，成为堂谿氏。吴军在雍澨打败楚军。秦军又打败了吴军。吴军驻扎在麇地，子期要火攻吴军。子西反对说："去年吴、楚两军交战，楚人的尸骨还暴露在麇地，不能埋葬，现在又要烧这个地方，不能这样做。"子期说："国家快要灭亡了！我们的父兄亲人如果地下有知，怎还能享有以往的祭祀，哪里还怕烧掉呢？"

楚军放火焚烧吴军，接着继续进攻，吴军败退。又在公婿之谿战斗，吴军又大败，吴王阖庐就撤兵回国。

【释义】

"申包胥哭秦庭"以"初"字开头，这是后代小说中最常用的"倒叙插叙"手法的滥觞。"初"字可以引出人物身世、遗闻逸事，或者时间发生的原因和预兆。它作为倒叙、追述、补记各类内容的领起语，在《左传》中被频繁使用，据孙绿怡在《〈左传〉与中国古典小说》中统计，"初"的使用次数达八十六次之多。事实上，《左传》的第一个字就是"初"。在"申包胥哭秦庭"中，文章首先追述了伍子胥和申包胥的交情及各自的选择。伍子胥力促吴王伐楚是报家仇，申包胥赴秦乞师是救国难。这就为后文申包胥的行为做了铺垫。

申包胥在说服秦王时，首先把吴国比喻为"封豕长蛇"，而称中原各国为"上国"。这是利用中原上国的文化优越感，即"攘夷"的心理，如此蛮夷怎能异军突起，甚至侵扰上国？因此，作为"上国"之一的秦国有救助楚国、镇压吴国的道义和责任。随后，申包胥具体分析出兵救楚的好处，无论从哪方面说，秦国都没有任何的损失。但秦王始终不为所动。道理是冷的，但情感是热的，直指人心。因此，申包胥最后"依于庭墙而哭，日夜不绝声，勺饮不入口七日"，这从生理上来并不合理，但表达效果却很好。正是这个故事，使得申包胥留名于青史之中。这同时也反映了楚人优良的爱国传统。负责的大臣总是把国事放在第一位，而把个人生命放在第二位，全力以赴地为国效力，即便失败以后，也会牺牲性命，以示负责到底。城濮之战里的子玉、鄢陵之战以后的子反、抗击吴国军队的史皇都是如此，最知名的就是战国时期的楚国大夫屈原。虽然楚怀王、顷襄王两代楚王都不重用他，他却仍"余心之所善兮，虽九死其犹未悔"。这种高度负责的爱国精神，为春秋诸国所少有。

而与之形成鲜明对比的是，阖庐乘着王僚的军事力量全力攻楚，刺死王僚；夫概王又因阖庐在楚，自己回国夺取王位，失败后，又乞怜于世仇楚国。吴国统治者内部的矛盾，也是吴人最后败退出楚国的原因。

卧薪尝胆

越王勾践终吞吴

　　越王勾践的故事最为脍炙人口。忍辱负重、卧薪尝胆，是其崛起乃至称霸的最重要原因。

　　檇李之战败后，勾践委身吴国，他谨小慎微，以示忠诚。被允许回到越国后，他又勤于政事，吊死问孤，还悬胆于户，刻苦淬厉，极尽人世所不堪。韬光养晦，蓄势待发。终于在夫差北上黄池之会时反戈一击。又经过十年生聚，一举灭吴争霸，一雪前耻。

　　对此，蒲松龄有一副著名的对联："有志者事竟成，破釜沉舟，百二秦关终属楚；苦心人天不负，卧薪尝胆，三千越甲可吞吴。"

伍员谏许越平

鲁定公十四年（公元前496年）

【《左传》原文】

吴伐越。越子勾践御之①，陈于檇李②。勾践患吴之整也③，使死士再禽焉④，不动⑤。使罪人三行⑥，属剑于颈，而辞曰："二君有治⑦，臣奸旗鼓⑧，不敏于君之行前，不敢逃刑，敢归死。"遂自刭也。师属之目⑨，越子因而伐之，大败之。灵姑浮以戈击阖庐⑩，阖庐伤将指⑪，取其一屦⑫。还，卒于陉⑬，去檇李七里。

夫差使人立于庭⑭，苟出入，必谓己曰："夫差！而忘越王之杀而父乎？"则对曰："唯⑮，不敢忘！"三年乃报越⑯。

注 解

①吴王阖庐听闻越王允常死，于是伐越。越子：越王。句（gōu）践是允常的儿子。越：诸侯国名，姓姒，国都在会稽，即今浙江绍兴。

②陈：通"阵"。檇（zuì）李：越国地名，在今浙江绍兴北。

③整：整齐严肃。　④禽：通"擒"，擒吴军前列的士兵，欲使吴军惊乱。　⑤吴军不动。　⑥三行：三排。　⑦有治：有战争之事。　⑧奸：通"干"，触犯。旗鼓：号令。　⑨属目：注视。

⑩灵姑浮：越国大夫。　⑪将指：足大指。　⑫屦（jù）：麻鞋。足大指被伤，于是丢失鞋子，灵姑浮取之。　⑬陉：吴地。

⑭夫差：吴王阖庐的儿子。　⑮而：通"尔"，你的。唯：诺，表示答应。　⑯三年：后三年。

【今译】

吴国进攻越国，越王勾践发兵抵抗吴军，在檇李列阵。越王勾践忧虑吴军整肃，便先派敢死队两次擒拿吴军前列的士兵，吴军的阵势还是没乱。于是越王勾践又派出罪人三行，让他们把剑架在脖子上，说："两国国君交战，我们违反了军令，在君王的军阵中显得无能，如今不敢逃避刑罚，只求一死。"于是罪人便一个个割颈自杀。吴军都注视着这个场景。越王勾践乘机进攻，把吴军打得大败。越国大夫灵姑浮用戈击刺吴王阖庐，阖庐的大脚指被刺伤了，灵姑浮把阖庐一只鞋子抢去了。阖庐退兵，死在离檇李七里路的陉地。

阖庐的儿子夫差叫人站在殿堂前，只要自己进出，一定让人对自己大声问道:"夫差,你忘了越王杀死你的父亲吗?"夫差答道:"是,不敢忘记。"三年后夫差便出兵进攻越国报仇。

鲁哀公元年(公元前494年)

【《左传》原文】

吴王夫差败越于夫椒①,报槜李也②。遂入越。越子以甲楯五千保于会稽③,使大夫种因吴大宰嚭以行成④。吴子将许之。

伍员曰:"不可。臣闻之:'树德莫如滋,去德莫如尽⑤。'昔有过浇杀斟灌以伐斟鄩⑥,灭夏后相⑦。后缗方娠⑧,逃出自窦⑨,归于有仍⑩,生少康焉。为仍牧正⑪,惎浇能戒之⑫。浇使椒求之⑬,逃奔有虞⑭,为之庖正⑮,以除其害⑯。"

注解

①夫椒:越国地名,在今浙江省绍兴北。 ②槜(zuì)李:越国地名,在今浙江绍兴北。吴国阖庐在这里被越国打败,受伤而死。 ③越子:越国国君勾践。楯:同"盾"。甲楯(shǔn):指全副武装的士兵。保:守。会稽:山名,在今浙江绍兴东南十二里。 ④种:文种,越国的大夫。因:通过。嚭(pǐ):伯嚭,伯州犁的孙子,吴国的太宰,从楚国出逃至吴国。 ⑤这两句话后被收入《古文尚书·泰誓》。滋:长,多。尽:彻底。 ⑥有过:古代的国名。浇:有过国的国君。斟灌、斟鄩(xún):夏的同姓诸侯。 ⑦夏后相:夏朝的国君,夏朝第五代君主。 ⑧后缗(mín):相的妻子。娠:怀孕。 ⑨窦:洞,

孔。　⑩有仍：古代诸侯国名，后缗的娘家。　⑪牧正：管理畜牧的官。　⑫憨（jì）：忌恨。戒：提防。　⑬椒：浇的臣子。⑭有虞：据说是虞舜之后的一个部落国家，相传在今河南商丘地区虞城县西南三里。　⑮庖正：管理膳食的官。　⑯除：避免。

【今译】

吴王夫差在夫椒打败了越军，报了檇李之战的仇。于是吴军进入了越国，越王勾践率领五千名全副武装的士兵退守到会稽山，并派大夫文种通过吴国太宰伯嚭去请求讲和。吴王夫差准备同意。伍员说："不可答应。臣下听说：'树立德行最好能不断滋长，去除病痛最好干净彻底。'从前有过国的国君浇杀了斟灌，又去攻打斟鄩，消灭了夏朝君主相。相的妻子后缗正怀孕，从墙洞里逃出去，逃回娘家有仍国，在那里生下少康。少康长大后当了有仍国的牧正，他忌恨浇，又时刻提防着浇的迫害。浇派大臣椒去抓少康，少康逃到了有虞国，成为庖正，避开了浇的杀害。"

【原文】

"虞思于是妻之以二姚①，而邑诸纶②。有田一成③，有众一旅④，能布其德而兆其谋⑤，以收夏众，抚其官职。使女艾谍浇⑥，使季杼诱豷⑦，遂灭过、戈，复禹之绩，祀夏配天，不失旧物⑧。今吴不如过，而越大于少康，或将丰之⑨，不亦难乎⑩？勾践能亲而务施，施不失人，亲不弃劳。与我同壤⑪，而世为仇雠。于是乎克而弗取，将又存之，违天而长寇仇，后虽悔之，不可食已⑫。姬之衰也⑬，日可俟也⑭。介在夷蛮，而长寇仇⑮，以是求伯⑯，必不行矣！"弗听⑰。退而告人曰："越十年生聚⑱，而十年教训⑲，二十年之外，吴其为沼乎⑳！"三月，越及吴平。吴入越不书，吴不告庆，越不告败也。

注 解

①二姚：指有虞国君虞思的两个女儿，虞是姚姓国，所以称二姚。　②邑诸纶：把纶邑封给他。纶：在今河南虞城东南。　③成：十平方里为一成。　④旅：五百里为一旅。　⑤兆：开始。　⑥女艾：少康的臣子。谍：做间谍。　⑦季杼：少康的儿子。豷（yì）：浇的弟弟，戈国国君。　⑧祀夏：祭祀夏朝先祖。配天：以配合祭祀天帝。旧物：指夏代原来的典章制度。　⑨丰：壮大。　⑩如果吴国和越国谈和，吴国的处境将很难。　⑪同壤：同处一方，国土相连。　⑫不可食：吃不消，即对之无可奈何。　⑬姬：指吴国，吴国为姬姓国家。　⑭俟（sì）：等待。　⑮介：处在中间。夷蛮：指楚国和越国。　⑯伯：同"霸"。　⑰夫差不听劝谏。　⑱生聚：养育人民和积聚财富。　⑲教训：教育和训练。　⑳外：后。为沼：变为湖沼，意思是国家灭亡。

【今译】

有虞的国君虞思这时把两个女儿嫁给少康，并把纶邑封给了少康。少康有方圆十里的土地，有五百名士兵，能够施以德政，并开始谋划兴国大计，收罗夏朝的遗民，安抚下属官员。少康派女艾去侦查浇的情况，派季杼去诱惑浇的弟弟豷，灭了过国和戈国，复兴夏禹业绩，祭祀夏朝的祖先并祀享天帝，恢复了从前的典章制度。而现在，吴国比不上有过国的强大，而越国却比少康强大，如果越国再壮大起来，吴国岂非很难？越王勾践能够爱护人民，并致力于施行恩惠，施行恩惠不会失掉人心，爱护民众而不忘掉有功的人。越国同我们国土相连，又世世代代有冤仇。在我们战胜越国时不把它灭掉，而要保存它，这就违背了天意，助长了仇敌，日后就算后悔，也对之无可奈何。吴国的衰亡，指日可待。吴国处在楚越之间，却还助长仇敌，想用这种办法去谋求霸权，肯定不行。"吴王夫差没有听从伍员的话。伍员退出来后对别人说："越国用十年的时间养育人民、积聚财富，用十年的时间对人民进行教育和训练，二十年之后，吴国大概会变成荒凉的沼泽地了！"三月，越国和吴国讲和了。吴国入侵越国而《春秋》没有记载，这是由于吴国没有报告胜利，越国没有报告失败。

【释义】

此段中，伍员苦口婆心地劝谏吴王夫差在对待越国的态度上务必要斩草除根、以绝后患。伍员长长地叙述了夏代中兴之主少康的故事，他如何凭借一己之力，得到有虞国的支持，复国杀敌，恢复了夏禹的制度、典章和血脉。这个故事固然有力动人，但其实最好的故事岂非伍员和夫差自己？他们两人都曾是复仇的实行者。伍员为了复仇，忍辱偷生，在吴国乞食吹箫，终于获得重用，攻入楚都；夫差为了复仇，处心积虑，让人在庭院里反复说"你忘了越王杀父之仇了吗"，壮志凌云，最终击败越军。复仇是一件如此让人专注、又心无旁骛的事情，其属性就是如此，尤见得复仇的可怕。伍员是智者，他深知此番道理；而夫差则是健忘的，他忘了自己曾经做过的事情别人也会做，而别人复仇的对象很可能就是自己。

在越王卧薪尝胆的故事中，除了伍员、吴王夫差、越王勾践，这三个为人熟知的复仇人物外，还有一个人值得注意，那就是这则故事开篇时出现的伯嚭。

伯嚭和伍员一样，原来也是楚国人。他是楚国名臣伯州犁之孙。伯氏和郤宛关系很好，郤宛是楚王左尹，为人耿直，贤明有能，深受百姓爱戴，但和伍员的父亲一样，受到少傅费无忌的忌恨，费无极进谗离间郤宛和楚国的令尹子常，最终郤宛被子常所杀，并株连全族，包括伯氏一族。伯嚭侥幸逃离，他听说另一位遭楚迫害的伍子胥在吴国受到重用，便立即赶来投奔。

伍子胥与伯嚭虽无私交，但是因为遭遇相似，同病相怜，就将他举荐给吴王阖庐。《吴越春秋·阖闾内传第四》记载：在伍子胥将伯嚭推荐给吴王之前，吴大夫被离曾提醒过伍子胥，他说："吾观嚭之为人，鹰视虎步，专功擅杀之性，不可亲也。"但伍子胥并不以为然。不料后来竟被吴大夫被离一语成谶，在吴国承担要职的伯嚭却成为刚刚崛起的吴国最大的敌人。吴国的盛极而衰则为越国的兴起做好了铺垫。

子西论阖庐夫差优劣

鲁哀公元年（公元前494年）

【《左传》原文】

吴师在陈，楚大夫皆惧，曰："阖庐惟能用其民，以败我于柏举。今闻其嗣又甚焉，将若之何？"

子西曰："二三子恤不相睦①，无患吴矣。昔阖庐食不二味，居不重席，室不崇坛②，器不彤镂③，宫室不观④，舟车不饰，衣服财用，择不取费⑤。在国，天有灾疠，亲巡孤寡，而共其乏困⑥。在军，熟食者分，而后敢食。其所尝者，卒乘与焉。勤恤其民而与之劳逸，是以民不罢劳⑦，死知不旷⑧。吾先大夫子常易之⑨，所以败我也。今闻夫差次有台榭陂池焉⑩，宿有妃嫱嫔御焉⑪。一日之行，所欲必成，玩好必从。珍异是聚，观乐是务，视民如仇，而用之日新。夫先自败也已，安能败我？"

【今译】

吴国的军队驻在陈国，楚国的大臣都很担心，说："吴王阖庐能够动用吴国人民作战，所以在柏举打败了我国。现在又听说他的继承人夫差更胜一筹。我们怎么办？"

子西说："大家应当担心的是自己不团结，不必担心吴国。从前阖庐饮食不过二道，坐席不用两层，筑室不用高坛，用器不加红漆和雕刻，宫室不修筑台榭，舟车不加修饰，所穿的衣服和用的财物，都是耐用的而不奢侈糜费。在国内，天有灾疫，吴王阖庐亲自巡问孤寡、救助贫困的人。在军中，吴王阖庐有熟食之物必先都给军士，然后自己才敢吃，要有美味一定给步卒车乘战士共尝。他经常抚恤百姓，并且同他们同甘共苦。因此吴国人民并不感到疲劳，因为他们知道战死了也不会被遗弃。而我国以前令尹子常的作法正相反，所以吴王阖庐打败了我国。现在听说吴王夫差的住处有楼台池沼，安寝有各种嫔妃相伴，即使在外一天，想要的一定要到手，玩好之物一定得带着，积聚珍宝，致力游乐。把老百姓视为仇敌，没完没了地奴役他们。这样只会先自取灭亡，怎么能战败我国呢？"

【释义】

此段中，子西的评论相当精到：吴国国内大臣不睦，夫差所至造楼台陂池，每晚有妃嫔陪同，"一日之行，所欲必成，玩好必从，视民如仇而用之日新，夫先自败也已"，一针见血地指出了他丧国辱身的原因。

陆龟蒙的《吴宫怀古》："香径长洲尽棘丛，奢云艳雨只悲风。吴王事事须亡国，未必西施胜六宫。"诗人看到苏州灵岩山这里的香径和长洲已荆棘丛生，想起了吴王夫差荒淫无道，认为他一切倒行逆施都足以亡国，而根本不是因为被西施的美色迷误造成的。后两句诗和子西的评论完全一致，这其实正是夫差亡国最主要的原因。沉迷于享乐，使他失去越来越多人的支持。在古代君主专制的国家，君主的不作为就意味着高级官员无法尽心尽力地工作，因为官员的工作需要君主的认同、激励和协调。官员不努力工作，百姓的问题就不能得到很好的解决，自然而然地，就怨声载道、沸反盈天，国家的生产（粮食储备）就会发生问题。内政外交都没有得力的人，国内的生产无法很好的更续，生产跟不上，会导致更多的社会问题需要解决，长此以往，恶性循环，这对一个国家是致命的危害。所以吴国与其说是亡在勾践、西施手中，毋宁说是丧在夫差自己手中。

但悖论的是，励精图治的吴王少有人记得，倒是那荒淫奢侈的吴王，却为后人所吟唱。"香径长洲尽棘丛，奢云艳雨只悲风。"后世文人对吴王或吴宫的印象大多是绮靡的、奢华的、美女如云的。李白的《口号吴王美人半醉》就咏道："风动荷花水殿香，姑苏台上宴吴王。西施醉舞娇无力，笑倚东窗白玉床。"再如李商隐的《吴宫》："龙槛沉沉水殿清，禁门深掩断人声。吴王宴罢满宫醉，日暮水漂花出城。"

更悖论的是，在中国古代的咏史诗中，曾经越是繁华，现在就越是苍凉。逝者如斯夫，在历史的长河里，一切荣华都会消逝，这就是中国古人对历史兴亡最深刻的慨叹。最著名的就是刘禹锡的《乌衣巷》："乌衣巷口夕阳斜，朱雀桥边野草花。旧时王谢堂前燕，飞入寻常百姓家。"此地曾经的雕梁画栋、盛世繁华，变为如今的野草残花，让人不由心生幻灭，感慨不已。而曾经绮丽清妙的吴宫自然也是咏怀历史，慨叹兴亡的好题材。到江南游历的骚客文人都难免对吴宫的兴盛和当今的荒凉咏怀一番，唐代诗僧皎然就有一篇《姑苏行》："古台不见秋草衰，却忆吴王全盛时。千年月照秋草上，吴王在时几回望。至今月出君不还，世人空对姑苏山。山中精灵安可睹，辙迹人踪麋鹿聚。婵娟西子倾国容，化作寒陵一堆土。"

所以对于夫差，后代的骚人墨客一边批评他的荒唐，又一边遥想他的奢靡生活；一边赞叹着曾经的繁华，又一边感慨着如今的悲凉。"吴宫花草埋幽径，晋代衣冠成古丘"，"只今惟有西江月，曾照吴王宫里人"。夫差的荒唐倒也并非全无用处，至少留给后人无穷的诗意想象和咏怀不尽的历史兴亡感。

伍员谏伐齐

鲁哀公十一年（公元前484年）

【《左传》原文】

吴将伐齐，越子率其众以朝焉，王及列士，皆有馈赂①。吴人皆喜，惟子胥惧，曰："是豢吴也夫②！"谏曰："越在我，心腹之疾也。壤地同，而有欲于我。夫其柔服，求济其欲也③，不如早从事焉。得志于齐，犹获石田也，无所用之。越不为沼，吴其泯矣④。使医除疾而曰'必遗类焉'者⑤，未之有也。《盘庚之诰》曰⑥：'其有颠越不共⑦，则劓殄无遗育⑧，无俾易种于兹邑⑨。'是商所以兴也。

今君易之⑩，将以求大，不亦难乎？"弗听，使于齐，属其子于鲍氏⑪，为王孙氏⑫。反役，王闻之，使赐之属镂以死⑬，将死，曰："树吾墓槚⑭，槚可材也。吴其亡乎！三年，其始弱矣。盈必毁，天之道也。"

注解

①馈赂：赠予礼品。　②豢（huàn）：养，就像人们养祭祀用的牲畜，并非爱之，而欲杀之。　③济：完成，达到。欲：越国的欲望，即得到吴国。　④越不为沼：越国如果不灭。泯（mǐn）：灭亡。⑤必遗类焉：一定要保存病根。　⑥《盘庚之诰》：《尚书》中的一篇。　⑦颠越不共：强傲不恭顺。　⑧劓（yì）：割除。殄（tiǎn）：灭绝。遗育：保存生机。　⑨俾（bǐ）：使。易种：传种。此句意为，不能使他们的种族传播到新的地方，即传播下去。　⑩易：正相反。　⑪属（zhǔ）：托付。鲍氏：齐国世族。　⑫王孙氏：改姓王孙氏。正如夫概王降楚后为堂谿氏一样。　⑬属（zhǔ）镂：属镂剑。　⑭槚（jiǎ）：山楸，古人常以此木为棺椁。

【今译】

吴国将要征伐齐国，越王带领臣属前来朝贺，从吴王到大臣都得到了礼品。大家都很高兴，只有伍子胥担忧，他说："这是在豢养吴国呀！"于是，他进谏吴王说："越国对我们吴国来说是心腹之疾，因为土地相连，而且对我们有所企图。现在他们的臣服，是想达到他们的企图。不如早点将越国灭掉。征伐齐国，即便成功，也犹如获得像石头一样的田地，没有用。我们如果不把越国变成池沼，吴国恐怕就会被他们灭亡。好比医生治病却说'一定要留下病根'，这样的做法是从来没有过的。《盘庚之诰》说：'如果有桀骜不驯的，就统统铲除，不给他们留下生存的机会，不要让他们的种族在别的地方传播下去。'这是商朝兴起的原因。现在君主却反过来行事，还想建立霸业，不是很难吗？"吴王夫差不肯听从。吴国派伍子胥出使齐国，伍子胥把儿子托付给齐国鲍氏，改姓王孙氏。吴王夫差听说这件事，便派人把属镂宝剑给伍子胥让他自杀。伍子胥在临死前说："在我的坟上栽下槚树，槚树可以成材。吴国大概要灭亡了吧！三年以后，吴国就要开始衰落了。满了必定毁坏，这是天理啊。"

【释义】

这段文字说伍员再次谏言不成，因担心吴国未来而将子孙托付给齐国人，而夫差疑心吴国的股肱之臣伍员通敌，并赐他宝剑以死。夫差的贪图享乐也许还罪不至亡国，但将智士忠臣赐死则足以警示那些正直忠心的吴国臣子，使他们不再直言上谏。《论语》中说："邦有道，危言危行；邦无道，危行言孙。"意思是国家政治清明，就直言敢为；国家政治黑暗，就行为正直而言语谦逊。《论语》中还说："宁武子，邦有道则智，邦无道则愚。其智可及也，其愚不可及也。"意思是：宁武子这个人啊，在国家治世昌盛的时候就表现自己的才智，国家混乱无道的时候就装作愚蠢躲避。他的聪明别人可以达到，他的愚蠢别人却学不到。世人都会学宁武子那样施展聪明才智做事，却不知道在黑暗时代保持独善其身。可见孔子并不赞同犯颜直谏甚至死谏。而夫差杀死伍员，这正是"邦无道"的代表。根据孔子的教导，大多数有识之士都会学宁武子"愚不可及"，明哲保身。国家处于这样的政治环境中，离灭亡之日该是不远了。白居易的《杂兴三首》中就有一首描述此事："吴王心日侈，服玩尽奇瑰。身卧翠羽帐，手持红玉杯。冠垂明月珠，带束通天犀。行动自矜顾，数步一徘徊。小人知所好，怀宝四方来。奸邪得藉手，从此幸门开。古称国之宝，谷米与贤才。今看君王眼，视之如尘灰。伍员谏已死，浮尸去不回。姑苏台下草，麋鹿暗生麑。"

越　伐　吴

鲁哀公十三年（公元前482年）

【《左传》原文】

六月丙子，越子伐吴，为二隧①，畴无余、讴阳②自南方，先及郊。吴太子友、王子地、王孙弥庸、寿于姚自泓上观之③。弥庸见姑蔑之旗④,曰:"吾父之旗也⑤。不可以见雠而弗杀也。"太子曰:"战而不克,将亡国,请待之。"弥庸不可,属徒五千⑥,王子地助之。乙酉,战,弥庸获畴无余,地获讴阳⑦。越子至,王子地守。丙戌,复战,大败吴师,获太子友、王孙弥庸、寿于姚⑧。丁亥,入吴⑨。吴人告败于王。王恶其闻也⑩,自刭七人于幕下⑪。

注解

①隧:通"队"。　②畴无余、讴阳:越国大夫。　③大子:太子。泓:水名。　④姑蔑:越地,今浙江衢州市龙游镇北。　⑤吾父之旗:弥庸之父被越人所获,故姑蔑人得其旗。　⑥属(zhǔ):会。集合部属五千人进攻。　⑦地:王子地。　⑧王子地因带兵阵守,所以未被虏获。　⑨入吴:破吴都。　⑩恶(wù):不愿意。闻:被听闻,即传播。此句意为:夫差不愿意越国攻入吴都的消息被诸侯国听到。　⑪自刭:吴王亲手杀报信的七人。

【今译】

六月丙子,越王勾践进攻吴国,兵分两种。越国大夫畴无余、讴阳率领南路军队,先到吴国国都的近郊。吴国太子友、王子地、王孙弥庸和寿予姚在泓水边上观察越军。王孙弥庸望见了越军中姑蔑人的一面旗帜,说:"那是我父亲的旗帜啊,不能碰上仇敌不去杀他。"太子友说,"如果我们打不胜,国都就会失守,请等待救兵吧。"王孙弥庸不听,带领部下五千人出战,王子地帮助他。

六月乙酉，王孙弥庸同越军打了一仗，越军大败，王孙弥庸俘虏了畴无余，王子地俘虏了讴阳。越王勾践统率大军赶到，王子地退守都城。六月丙戌，双方再战，越军把吴军打得大败，俘虏了太子友、王孙弥庸、寿于姚。六月丁亥，越军攻入吴国国都。吴人向夫差报告被越军打败的情况。吴王夫差不愿诸侯听到这个坏消息，便亲手用刀把七个报信的吴人都杀死在帐下。

【释义】

这段故事的发展正如伍员死前所预言的"吴其亡乎！三年，其始弱矣。盈必毁，天之道也。"吴王夫差北向争霸，后方空虚，以致越王勾践带兵攻入吴都。不仅如此，他甚至都不愿意面对这个事实，死要面子，将忠心报信的七个吴人都杀死在帐下。欧阳修说"生于忧患，死于安乐"，果不其然，夫差在安乐中一步步把自己推向灭亡的深渊。

后世蹈夫差覆辙的有五代时后唐庄宗李存勖。庄宗的父亲武宗李克用被刘仁恭击败后郁郁而亡，临死时以三矢付与儿子庄宗，令他讨伐刘仁恭和仇敌契丹耶律阿保机及朱温。庄宗藏三矢于武皇庙庭，练兵强国。出兵讨刘仁恭时，命幕吏以少牢告庙，请一矢，盛以锦囊，使亲信的将领背负着它以为前驱。凯旋时，随俘馘纳矢于太庙。接着讨伐契丹，消灭朱氏，均如此。庄宗荡平仇敌后，耽于安乐，以内官为诸司使，败坏朝制；广治宫室，采择民女三千以充掖庭。结果民不聊生，激起内变，庄宗也被乱兵杀死。欧阳修修《新五代史》时写了一篇《伶官传序》，总结说"忧患可以兴国，逸豫可以亡身"，可谓透辟入理，不仅对庄宗，对吴王夫差也同样合适。历史惊人的相似，前后一辙，令人感慨。无论身居高位，还是身处逆境，都不能忘了"虑"与"忧"。如果完全地忘了，以致自我放纵，那么最后吞下这放纵的苦果的还是自己。

黄池之会

鲁哀公十三年（公元前482年）

【《左传》原文】

秋，七月辛丑，盟，吴、晋争先①。吴人曰："于周室，我为长②。"晋人曰："于姬姓，我为伯③。"赵鞅呼司马寅曰④："日旰矣⑤，大事未成，二臣之罪也。建鼓整列，二臣死之⑥，长幼必可知也。"对曰："请姑视之⑦。"反，曰："肉食者无墨⑧。今吴王有墨，国胜乎⑨？太子死乎？且夷德轻⑩，不忍久⑪，请少待之。"乃先晋人⑫。

注解

①盟：诸侯订立盟约。争先：争歃血的先后次序，先歃血的是盟主。　②吴国国君是泰伯的后人，泰伯的弟弟是王季，王季的儿子是周文王，故吴国人自称是周室之长。泰伯知弟弟王季贤能，故"三让天下"，逃至蛮荒之地，创立吴国。　③伯：通"霸"。　④赵鞅：晋国的卿。司马寅：晋国大夫，当时任司马。　⑤旰（gàn）：天色晚。　⑥死之：拼命。　⑦姑且让我到吴营看一下。　⑧墨：面色暗沉。　⑨国胜乎：难道被敌国战胜了么？　⑩夷：指吴国。德轻：性情不沉稳。　⑪不忍久：不耐久。　⑫乃先晋人：吴国在晋国之前歃血。

【今译】

秋季七月辛丑，黄池之会正式订立盟约，吴国跟晋国争夺谁先歃血。吴国人说："在周朝的王室中，我们吴国的祖先太伯是长兄。"晋国人说："在姬姓诸侯中，我们晋国是霸主。"晋国大臣赵鞅对他的同僚司马寅说："天晚了，订盟的大事没有完成，是我们两人的罪过。干脆击鼓列阵，我们两人为此死战，先后就可定了。"司马寅说："慢，让我先去察看一下吴营的动静。"他回来说："按理说高贵人的脸上气色不会惨淡无神的。现在吴王的脸色惨淡，大概吴国被敌人战胜了吧？还是太子死了？而且吴国人不沉着，不能长久，我们等等看吧。"于是晋国便让吴国先歃血。

【原文】

吴人将以公见晋侯①，子服景伯对使者曰："王合诸侯，则伯帅侯牧以见于王②；伯合诸侯，则侯帅子、男以见于伯。自王以下，朝聘玉帛不同③；故敝邑之职贡于吴，有丰于晋④，无不及焉，以为伯也。今诸侯会，而君将以寡君见晋君，则晋成为伯矣，敝邑将改职贡⑤。鲁赋于吴八百乘⑥，若为子、男⑦，则将半邾以属于吴⑧，而如邾以事晋⑨。且执事以伯召诸侯，而以侯终之，何利之有焉？"吴人乃止。既而悔之，将囚景伯。景伯曰："何也立后于鲁矣⑩，将以二乘与六人从，迟速唯命。"遂囚以还。及户牖⑪，谓太宰曰："鲁将以十月上辛有事于上帝、先王⑫，季辛而毕⑬，何世有职焉⑭，自襄以来⑮，未之改也。若不会，祝宗将曰⑯：'吴实然⑰。'且请鲁不共，而执其贱者七人⑱，何损焉？"大宰嚭言于王曰："无损于鲁，而只为名⑲，不如归之。"乃归景伯。

注解

①吴人要带领鲁哀公进见晋侯，这是吴用属国待遇来对待鲁国。
②伯：诸侯之长。牧：诸侯国之长。　③朝：诸侯见天子。聘：大夫见诸侯。朝聘所持的玉帛，会根据对方地位高地而不同。　④有丰于晋：有过于晋。　⑤吴国既然认为晋国是霸主，那么晋国该收的供奉高而吴国的低，因此鲁国的职贡将更改。⑥鲁是独立国，国力为八百乘，对吴的贡品，以八百乘为基数计算。赋：定额。
⑦子、男：小国，属国。　⑧邾（zhū）：齐的属国，国力为六百乘，对于宗主国齐，按其基数六百乘的一半进贡。鲁对于吴也将如此。

⑨对于霸主晋国，将按基数六百乘进贡。　　⑩何：子服景伯的名字。立后：确立后嗣，表示有赴死之心。　　⑪户牖：今河南兰考县东北。　　⑫每月有三辛日，第一个是上辛。有事：祭祀。　　⑬每月有三辛日，第三个日季辛。　　⑭何世有职：子服景伯一族历代参加祭祀。　　⑮襄：鲁襄公，公元前572—542年在位。　　⑯祝宗：祝享之官。　　⑰吴实然：是吴国让他这样的。鲁国并没有祭祀先祖的礼制，但吴国有。子服景伯这么说是知道吴人信鬼神之说，因而吓唬他们以求脱身。　　⑱七人：子服景伯及其从者六人，共七人。鲁国对吴国不敬，吴国也仅扣下鲁国七个地位低下的人。　　⑲为名：反得恶名。

【今译】

　　吴人领着鲁哀公进见晋侯，子服景伯对使者说："天子会合诸侯，由诸侯之长领着诸侯进见天子；诸侯之长会合诸侯，由诸侯率领子、男的小国进见诸侯之长。自天子以下，朝聘所用的玉帛也不相同。所以敝邑进贡给吴国的，只有比给晋国的丰厚，没有不如的，因为吴国是诸侯的领袖。现在诸侯会见，而君王要带领寡君进见晋君，那么晋国就成为诸侯的领袖了，敝邑将会改变进贡的数量：鲁国是按八百辆战车确定献给吴国的贡品数量。如果变成子、男，那么将会按邾国战车的半数确定给吴国的贡品，就像邾国事奉晋国一样。而且执事以诸侯之长的身分召集诸侯，却以一般诸侯的身分结束，这有什么好处呢？"吴人就没有那样做，不久又后悔了，要囚禁子服景伯。景伯说："我已经在鲁国立继承人了，打算带两辆车子和六个人跟随去，早走晚走听你的。"吴人于是就囚禁了景伯带回去。到达户牖，景伯对太宰说："鲁国将要在十月的第一个上辛日祭祀天帝和先王，到最后一个辛日完毕。我世代在祭祀中担任职务，从鲁襄公以来，就没有改变过。如果我不参加，祝宗将会说：'是吴国让他这样的。'而且贵国认为鲁国不恭敬，却只逮捕了我们七个卑下的人。这对鲁国有什么损害？"太宰嚭对吴王说："对鲁国没有损害，却只会造成坏名声，不如放他们回去。"于是就把景伯放回去。

【原文】

吴申叔仪乞粮于公孙有山氏①，曰："佩玉橤兮②，余无所系之③；旨酒一盛兮④，余与褐之父睨之⑤。"对曰："粱则无矣⑥，麤则有之⑦。若登首山以呼曰⑧：'庚癸乎⑨！'则诺。"王欲伐宋，杀其丈夫而囚其妇人。大宰嚭曰："可胜也，而弗能居也。"乃归。冬，吴及越平。

注解

①申叔仪：吴国大夫。公孙有山：鲁国大夫。 ②橤（ruǐ）：垂。③饥不得食，那么佩玉就没用，无所系之。 ④旨：美。一盛（chéng）：一个器皿。 ⑤褐：粗毛布。睨（nì）：斜视。我和身着粗毛布的老人斜视那杯酒，表示不可得。⑥粱（liáng）：细粮。 ⑦麤：古代"粗"字，粗粮。 ⑧首山：山名。 ⑨庚（gēng）癸（kuǐ）乎：下等货。

【今译】

吴国申叔仪向鲁国公孙有山氏讨粮食说："佩玉下垂啊，我没有地方系着它。美酒一杯啊，我和贫苦的老翁斜视着它。"公孙有山氏回答说："细粮已经没有了，粗粮还有一些。如果登上首山喊着说：'庚癸啊！'我就答应你。"由于宋景公没有出席黄池之会，吴王夫差要去讨伐宋国，准备杀掉宋国的男子，囚禁妇女俘虏。太宰嚭说："我们虽然能够战胜宋国，但不能久留。"吴王夫差这才回国。冬天，吴国与越国讲和。

鲁哀公十七年（公元前478年）

【《左传》原文】

三月，越子伐吴，吴子御之笠泽①，夹水而陈。越子为左右句卒②，使夜或左或右，鼓噪而进；吴师分以御之。越子以三军潜涉，当吴中军而鼓之③，吴师大乱，遂败之。

鲁哀公十九年（公元前476年）

【《左传》原文】

春，越人侵楚，以误吴也。夏，楚公子庆、公孙宽追越师，至冥④，不及，乃还。

①笠泽：吴淞江。　②句（gōu）卒：支队。　③潜涉：偷偷渡河。当吴中军：先以左右支队分散吴国兵力，然后以三军的精锐力击吴国的中军。　④冥：楚地名。越国攻打楚国，目的是为了迷惑吴国，使之不加防备，所以越国退兵迅捷。

【今译】

鲁哀公十七年三月，越王攻打吴国。吴王在笠泽抵御，隔水布阵。越王分成左右两队，让他们在夜里一会儿向左一会儿向右，击鼓呐喊前进。吴军分兵抵御。越王率领三军偷偷渡江，击起战鼓正面冲击吴国的中军，吴军大乱，于是越军打败了吴军。

鲁哀公十九年春天，越人侵袭楚国，是为了迷惑吴国。夏天，楚国公子庆、公孙宽率兵追赶越军到达冥地，没有追上，就撤兵回去了。

鲁哀公二十年（公元前475年）

【《左传》原文】

吴公子庆忌骤谏吴子曰①："不改，必亡。"弗听。出居于艾②，遂适楚。闻越将伐吴，冬，请归平越③，遂归。欲除不忠者以说于越③。吴人杀之。

鲁哀公二十二年（公元前473年）

【《左传》原文】

冬，十一月丁卯，越灭吴④，请使吴王居甬东⑤。辞曰："孤老矣，焉能事君？"乃缢。越人以归⑥。

【今译】

鲁哀公二十年，吴国公子庆忌多次劝谏吴王说："如果不改过，一定亡国。"吴王不听。庆忌离开国都住在艾地，又到了楚国。庆忌听到越国要攻打吴国，冬天，请求回国和越国讲和，于是就回国了，想要除掉不忠的人来取悦越国。吴国人杀了庆忌。

鲁哀公二十二年冬季十一月丁卯，越国把吴国灭了，越王让吴王夫差住在甬东。吴王拒绝说："我已经老了，怎能再事奉君王？"于是就上吊自杀了。越人把吴王夫差的尸体带了回国。

【释义】

越王勾践是如何崛起的，《左传》中更没有详细的介绍，所以这部分的内容可与《国语》中的《吴语》和《越语》比照参看。西汉时的《史记》综合了几家的说法，记录在《越王勾践世家》中，摘抄翻译如下：

勾践回到越国后，为了激励自己不忘报仇雪耻，睡觉时不铺褥子而铺上柴草。在房间里挂了一个苦胆，每顿饭前都要尝尝。这就是"卧薪尝胆"典故的由来。他和夫人始终过着清贫的生活，吃饭没有鱼肉，穿衣不加修饰。自己经常同百姓下田耕种，夫人也自己养蚕织布。

越国遭受战争创伤，田地荒芜，人口减少，生产受到很大破坏。两位大夫范蠡、文种各司其职。范蠡负责练兵，文种管理国家政事，推行让人民休养生息的政策。在外交政策上，勾践也采纳大夫逢同的建议，结交齐国，亲近楚国，归附晋国，厚待吴国，以使吴国轻视越国的军事力量，伺机而动。

很快，机会来了。夫差北赴黄池之会，勾践趁机攻打吴国，直接攻入吴都，俘虏了太子。吴国求和，越国同意。十年后，勾践再次伐吴，对吴都实施长达三年的围困，吴王夫差被越军长期围困，力不能支，遂派王孙雒袒衣膝行向勾践求和。勾践于心不忍，正要应允，范蠡上前说："大王您忍辱受苦二十余年，为了什么？现在能一旦抛弃前功吗？"转头又回绝王孙雒说："过去是上天把越赐予吴国，你们不受；今天是上天以吴赐越，我们不敢违背天命而听从你们的请求。"王孙雒还要哀求，范蠡毅然鸣鼓进兵。吴王夫差见大势已去，求和不成就自杀而死，临死时说："吾无面以见子胥也！"勾践葬吴王而诛太宰伯嚭，一举灭吴雪耻。

随后，勾践又乘胜率兵北渡淮水，会中原齐、晋等诸侯于徐州（今山东省滕州市南），向周元王致贡。周元王命使臣赐勾践胙（送来祭肉），封勾践为"侯伯"，晋升至伯位。自此，越军横行江淮一带，诸侯尽来朝贺，勾践的霸业完成。于是迁都琅琊，称霸中原，成为春秋五霸最后一位霸主。

纵观越王崛起称霸的整个过程，忍辱负重是重要原因。在"十年生聚、十年教训"的过程中，越王勾践始终审慎而又野心勃勃。机会垂青有准备的人。果然，当吴国无限制地对外扩张，把国内的民力财力耗尽，造成内部的崩溃。吴国内忧外患之际，勾践找准机会，义无反顾、一举攻吴，终于灭吴称霸。对此，清代蒲松龄有一副著名的对联：

有志者事竟成，破釜沉舟，百二秦关终属楚。

苦心人天不负，卧薪尝胆，三千越甲可吞吴。

图书在版编目（CIP）数据

春秋大义：《春秋》三传选读/王琳妮编选. —上海：复旦大学出版社，
2013.1（2016.9 重印）
（中华根文化·中学生读本/黄荣华主编）
ISBN 978-7-309-09059-8

Ⅰ. 春… Ⅱ. 王… Ⅲ. ①中国历史-春秋时代-编年体②《春秋》-少年读物
③《春秋》-青年读物 Ⅳ. K225.04-49

中国版本图书馆 CIP 数据核字（2012）第 152306 号

春秋大义：《春秋》三传选读
王琳妮 编选
责任编辑/张旭辉

复旦大学出版社有限公司出版发行
上海市国权路 579 号 邮编：200433
网址：fupnet@ fudanpress.com http://www.fudanpress.com
门市零售：86-21-65642857 团体订购：86-21-65118853
外埠邮购：86-21-65109143
扬中市印刷有限公司

开本 890×1240 1/32 印张 8.125 字数 158 千
2016 年 9 月第 1 版第 2 次印刷

ISBN 978-7-309-09059-8/K·371
定价：20.00 元